U0022954

WEALTH

天窗出版

細股啟示錄

撥開謎網命中爆升股

湯未生 著

目錄

推薦序

推薦序　梁杰文 006
推薦序　中環十一少 008
推薦序　盧志威 010
推薦序　管我財 011
推薦序　味皇 012
推薦序　三文魚 015

自序 湯未生30年投資故事 016

Chapter 1 破解財技炒作套路

1.1　莊家為甚麼要炒作股票 036
1.2　炒作資金的來源 039
1.3　三段式套路：收集 044
1.4　三段式套路：炒作、轉錢 048
1.5　三段式套路：派發 053

Chapter 2 謎網的前世今生

2.1　康健系 兒科醫生的殼股王國 ...060
2.2　華融系 私企「財神爺」...........075
2.3　民銀系 錯綜複雜的控股關係 089

Chapter 3 避開中伏細價股

3.1　避開有陷阱的細價股 100

3.2　「養殼」—維持基本經營待賣殼 105

3.3　利用放貨 暗中易手 109

3.4　讀新例 防中伏 114

3.5　「借殼」未必是不公平 127

3.6　證監會的尚方寶劍 131

3.7　八個財技實例 134

Chapter 4 尋找爆升細股的方法

4.1　細價股之神David Webb的投資方法 144

4.2　利用細價股滾大資產 162

4.3　十個方向分析股票 166

4.4　殼股價值投資六大要點 176

4.5　未生長線組合：中小型穩定股 + 信托基金　181

梁杰文

我不是作者,我是來寫序的,不過和你一樣,對財經書籍很感興趣。

我每個星期也會逛書局,更新一下股票知識,了解市場潮流。無可否認,港股近年的人氣每況愈下,認真討論股票的投資者愈來愈少,有質素而令人感興趣的講股書籍更是鳳毛麟角,實在可惜。

在香港的細價股市場,願意認真花時間研究的投資者匱乏,願意把成果無私分享的人絕無僅有,湯未生是其中之一,他更身體力行經營一個財經網站,把自己的研究所得公諸同好,亦為同道中人提供一個交流平台。

在他的網站,記錄了個別股票的逸聞,與前世今生的故事,可以快速瀏覽作者對不少細價股的評價,儼如一本細價股百科全書。很多細價股背後關係錯綜複雜,幕後人士懂得運用財技,互相持股,多重影分身,令無數小股東甚至炒家高手中伏,湯未生早已揭開部分細價股的神秘面紗,為散戶解剖死因。

這次作者把資料整理,出版第一本股市心得,當中記敘了三個股票集團的來龍去脈,覆蓋了多達數十隻股份,從細價股到國有企業甚至巨無霸民企,作進一步的鋪陳,把運作過程呈現出來。投資初哥有機會了解過去幾年曾叱咤股市的人和事,若對股市有多年經驗,亦可藉此溫故知新,了解更多,得着絕不會少。

認識股市皮毛便走出來講股,那些叫吹水。努力不懈深入研究,鑽研逾千隻細價股的方方面面,再把投資經驗、所見所感、心得及睿

見提煉出來，毫無保留和讀者分享，無論如何也要看一看，內容自然有其可貴之處。

熱衷炒股賺錢和熱衷股票是兩類人，前者眾後者稀，現在很少人會專心做股票研究，分享成果，即使觀點和自身認知不同，但以古為鏡，可以知興替；以人為鏡，可以明得失，前覆後戒，始終獲益良多。

樹大有枯枝，有時感慨港股這邊的枯枝特別多，令人感到沮喪，不過凡事總會有周期，飄風不終朝，驟雨不終日，近年難得一見各方多管齊下，市場環境已經今非昔比，大有改善。不妨在股市否極泰來前，溫書裝備一下，自我增值，下輪牛市大浪時，直掛雲帆濟滄海。

十一少
財經專欄作家
個人專頁：fb.com/11mister

讀未生，識真假，財圈再無懸案。

湯未生是個奇人，通曉股壇萬千事，彈指之間，月旦春秋，稱得上是財圈百曉生，難得他決定出書，當然鼎力支持，向各位略盡綿力推薦一下這位把最好的青春給了股票世界的人。

香港股民已經歷好幾次被洗腦的過程，由報紙雜誌的財經專欄散貨模式，變成電台與電視台的亂嗡當秘笈，直至近年在社交媒體崛起的KOL群妖亂舞，及有莊家以「微信女」噓寒問暖式派冧巴，令不少股民被誤導、被欺騙，投資成績焦頭爛額。

在這個資訊氾濫的年代，人心依舊叵測，不少股評人、財演也收莊家錢寫稿、推介不良股，害人不淺，但湯未生就反其道而行，透過網站與專欄，編制不具投資價值股名單、狙擊莊家，踢爆不少謀害股民的騙局、股壇猛人，一直在玩命。

香港股市有如此多上市公司，要知道一隻股作風是否良好，絕非容易，除了靠自己研究和觀察，或者道聽途說，推薦各位一個方法，就是「（公司名字）」與湯未生網誌名一併Google，湯未生所撰寫的網誌往往可以提供端倪。

這個世界只有一條護城河，就是不斷追求進步，不斷瘋狂創造長期價值，湯兄深明此理，憑他驚人的記憶力、獨有的抽絲剝繭能力，已達至財務自由，提早退休，再闖一片天。

與湯兄合作過的人，無不折服，因為他總能夠把財金世界千絲萬縷的關係，背後盤算和陰謀娓娓道來。說來慚愧，筆者有時候懶惰，不願意蒐集資料，也會向直接向湯兄討教。

除了踢爆，湯兄還在本書的第四章，講述自己的選股方式，對於一生尋覓發達方程式的香港人，相信他的故事絕對具有啟發性。

最後希望湯兄新作大賣，往後再接再厲，繼續為股民授業與解惑。

盧志威
烏托邦資產管理合夥人、財經專欄作家

過去六七年，不少內地投資者因為在港股投資損手，落得血本無歸的下場，「港股 = 作風不良」的說法，中港兩地都逐漸變得盛行，湯未生的新作清楚介紹作風不良股的運作手法，讓讀者可自行判斷，一間上市公司是否值得投資。

其實細價股未必等於不良股，只不過大部分不良股經過多次殺倉之後，市值萎縮，才會淪落為低市值，而在細價股之中，亦有不少優質公司，通過實質業績增長成為大價股，維他奶（0345）十年前股價只是個位數，市值相當於今日的十分一，靠著收入和盈利增長，也能闖出一片天。

近年港股有波幅，沒升市，整體大市只能靠炒上落，港股失去創造財富的功能，愈來愈少投資者對股市感興趣，資金都被吸引到樓市和房地產身上，因此我們更加要分清楚優質股和作風不良的公司，以免影響香港國際金融市場的聲譽。

香港股市實行註冊制，表面上看是汰弱留強，實際上卻是劣幣充斥。港股一方面要吸引更多國內外企業來港上市，對上市企業奉行自由開放的原則；另一方面又要保護投資者，打擊各種企業造假與股份的不良行為。

但香港交易所這怪胎，它既負責制定上市規則，又是上市公司，更是港交所（0388）的衣食父母，他們之間唇齒相依的關係，注定產生畸型的制度。香港學習了美股的註冊制，但是卻沒有美股的集體訴訟制度。企業造假作惡，小股民向證監會舉報，證監會即便成功將企業除牌退市，這對小股東來說又有甚麼意義呢？

對上市公司侵犯小股東行為的各種轉移資產、關聯交易的財技行為，小股東無力改變，投訴無門。上市公司造假，懲罰的卻是小股民的財產，這是現在港股的現實情況。面對這種渾濁不清、上市條例不利小股東、而又沒有集體訴訟制度的市場裡，投資者如何逆境求生避開各種陷阱，獲得有意義的收益率？知己知彼是不二之門，相信讀者可以透過湯未生這本新書避開港股中的各種惡人，找到港股長勝的方法。

「少年喲，出去把魔王打倒！」國王這樣說。

「是，我一定會把魔王打倒回來的！」少年這樣答。

「你的旅程一定需要裝備和資金的吧，來人啊，把東西給他！」少年得到了木棒和 100 金。

「祝你好運，哈哈哈。」然後少年就被衛兵送了出城。

少年在外面打倒一些史萊姆和兔子，一點點地把資金累積起來，然後，某天他在森林的某一處第一次發現了寶箱。

「寶箱怪…」躺在教堂內的少年，已記不起自己是怎樣被送來教堂的。「要來一發嗎？（復活術）」然後被神父強徵了身上一半資金作為復活費。

「你不是還有生命嗎？」旁邊的木棒好像是這樣訴說著，少年自覺有點頭昏。

「這不是你這種人來的地方！去去！」來到皇宮前，衛兵賞了少年一巴掌，還贈少年的屁股一腳。

「竟然打了我兩次，連爸爸也沒打過我！」少年離開皇宮，眼中只有憤怒，他記得寶箱怪的掙獰，摸了自己全身的神父，就連當初國王的笑容，現在也覺得非常不順眼。

「悶酒來一杯吧…」

少年的將來，會成為神？惡魔？沒有人知道。

「我當初也是行路有風的，直到我的膝蓋中了一箭…」這就是少年和味皇最初的相遇。

「嗯嗯！好男人！」

雖不能由他人斷言，以味皇自身的經驗來說，湯未生最初寫 blog 的動力，估計也是復仇。但仇恨一直持續也不是生活良方，仇恨值隨時間一直下跌，特別是有錢上岸後，仇恨就基本不再佔用味皇日常生活的時間了，未生最近也上岸了，仇恨值還剩多少呢？

當年味皇的復仇對像是福建股，未生復仇對象是馬主，復仇對象不是同一集團，一邊是來自澳 X 的 XXX 集團，另一邊是賽 X 會的 XX 集團，當時兩個集團控制多隻主板及創業板股票，一邊是無中生炒高散貨散，另一邊是供合向下炒。

說得太多需要消音的東西了，總之我們，大家都遇過挫折，大喊之後死掉的也有，但死不去時，仇恨值 MAX 的時候，你會選擇原諒嗎？不過也有人順著仇恨而動，你知道嗎？人類一般都是三分鐘熱度的，你順著仇恨行動時，你在一段時間內的行動力、集中力、腦活動、內分秘是 MAX 的，你甚至會達到不用食飯，不用睡覺，廁所也不用去的程度，這個時期你能習得的經驗值和能力是最多的，

如果你把握了這個升級期，你就會成功。反過來說，三分鐘熱度過後，現在無欲無求的味皇就是個廢人，哈哈哈！

受刺激就會作出相應的進化，湯未生的進化方向是因為對作風不良的股作出反擊吧！

味皇的方向是有如聖斗士般，避免同一招中兩次，往後十多年，味皇基本沒再中這些作風不良股的招，而湯未生就拿著一堆黑材料。如今人都上岸了，仇恨值很快就清零吧？

味皇認為，消滅不良股的難度很高，而且沒有得過病，又怎知健康的可貴？未試過向不良股進貢，又怎會學乖？

經一事，長一智，就是這麼簡單。

本書是長一智後的湯未生，帶你發大財之旅。跟未生發大財！

味皇是何許人？知的人自然會知道，不知道的人繼續不知道就算，就像林正英殭屍片一樣。

三文魚
專業細價股投資者

認識湯未生已十多年，最為人津津樂道的，就是他寫出來的網絡：「華X系」、「火車系」、「宏X系」等；湯未生把各個山頭有條不紊地、有系統地序列出來，發跡、財技手法、後續發展及預測等都寫出來，能夠這樣分析股票的人，在香港肯定是第一個，亦相信是前無古人，後無來者，想抄也抄不了。

未生最厲害的，是他極為勤力。他好像是每時每刻都在電腦前面一樣，每當通告一出，不消半刻已可見他的分析文章，而且不是簡單兩句，文章通常已道出因由、預備功夫、相關人物、相關公司、使用過類似財技的例子等等，能以這樣快的速度便寫出這種有深度、獨到的文章，可見未生的功力有多深厚。

作為一個已退休、手持數個物業、已達「財務自由」的80後，他每天仍然很勤力地研究股票，包括閱讀招股書，每天最新的通告，寫文章和去股東會等等，日出而作，日入而不息，每每去到深夜時他仍在苦讀資料，他對研究股票的堅持，絕對值得讀者學習。

衷心希望好友的新書大賣，讓大家能避免各種陷阱，大大提高投資成績並獲得「財務自由」，希望大家讀過這本書後，可在苦短的人生中多做自己喜歡做的事。

湯未生30年投資故事

這是我的第一本書,恕我塞一塞自己過去30多年的經歷,好好分享這本書的由來。

我的家境未至於極貧窮,不過也是公屋出身,家中只有父親養家,靠做建築工人,一個人養起母親、我、弟弟和妹妹,算是很吃力。

我從小已經是不懂交際的人,所以朋友很少,很多時候都是自己一個人。我常常好像過度活躍一樣,但只要每當碰到書本和報紙,我就會停下來不動,不斷在看。

怕窮又怕工作

當時讀到何紫寫的兒童故事書,書內有談到讀不成書,就會賺不到錢,更會累到父母辛苦,我對此很害怕。但另一方面,其實我又希望可以不用這樣快出來工作,畢竟自己社交能力弱,如果出來工作會遇上很大困難,所以我一直想逃避,但無論如何都是要生活的。簡單說,我怕步入社會工作,但又怕賺不到錢。

很矛盾,對嗎?我不明白自己為甚麼從小已在想這些奇怪東西,可能因為我確實沒有朋友,就算有朋友,他們也應該不會有這樣奇怪想法吧。胡思亂想令我愈來愈苦悶了,於是我不斷看書,不停在想方法。

其後我開始有個想法：只要未來找一些能簡單應付的工作，賺到錢後盡量減少花錢，再賺錢來儲蓄保障自己，當儲蓄到不用再工作已經有錢，就不用再求人，不用面對複雜的人事關係，這就可能自由自在。但如何賺錢，才能盡快脫離工作呢？

三類啟發我的書籍

這又要再想辦法，終於又找到啟發我的東西，就是商業、小學數學及商人傳記。當年這些書奇少，馮邦彥的書令我明白到昔日香港商業社會的情況；小學數學書讓我了解利息收入重要性，計算了當年如果我有100萬，只有4%利息的話，我就有足夠錢一個人生活，而且不用求人了；至於商人傳記，令我明白如何搞生意、然後把它上市發達。

透過閱讀這些東西，我開始慢慢有做生意及投資的思想。猶記得小時候我作文很差，常處合格邊緣，在這些思想慢慢萌芽後，當時寫了一篇我的志願，說自己搞眼鏡店，經過重重難關發了達，誰不知老師非常喜歡，竟給了一個非常高的分數，這亦令我非常鼓舞了。

有了商業及投資的理念，對數字一向敏感的我，也開始留意股票起來。還記得1994年和1997年的股市走勢令我感到很興奮，當時很想炒股票，但父母不懂，也沒有人教我，所以就一直看著媽媽的朋友炒，眼見她的朋友最後大多大敗虧損，令我覺得股票是很大風險的東西。

初嚐細價股 投資報廢

直至1999年，父親的工作因地產不景常常失業，當時他有一點積蓄，也留意到13歲的我有一點股市天分，於是開始想投入股市賺點錢。當時盈富基金（2800）上市，我利用僅有的積蓄和父母合資買了1,000股，誰不知贏了錢，之後我建議父親買剛上市的有線寬頻（1097），又賺了一點，於是父親很高興，愈來愈多關注股市。

當時創業板剛剛開板，於是投入兩萬多元，於極高位買入一些剛上市的創業板股票，例如松景科技（8013，現轉已轉主板，編號1097）及大誠電訊（8003，現世大控股），結果不久即有虧損，父親雖然不高興，當時股市熱潮，他亦沒有工開，於是天天看股票，後來仍然相信我再加注購入松景科技，當時的帳面曾幾乎追回虧損，但最終也沒有賣。後來，這兩間公司亦進入慢慢熊途，最後也變成「蟹貨」，現時，這些股只是當年的零頭而已。

大約十年前，我為省下銀行的存倉費，就把股票轉至自己名下，一直待機出售。幸好在2017年，松景科技宣布賣殼，我立即出售，雖然吃不到之後的炒作，但總算不用嚴重虧損；至於大誠電訊，好像當年是有供過股，但股票也不知在不在了。現時回看，發現盈富基金過去十多年的派息及利潤，已足夠填補兩隻股票的虧損，但是20年前的我仍未想到這個道理，繼續我的作死之路。

2000年左右，我開始較為急進，竟然建議父親用幾千塊錢買了一隻

仙股數字地球（除牌時編號：0109），光是手續費已超過1,000元，雖後來急升，但因手續費昂貴卻賺不了多少，於是打算放下來，希望等待下一波升幅。

過不了幾個月，公司宣布供股又送紅股，再送紅利，我建議父親供股，但最後因為某些原因，父親決定不供，幸好沒有供，不然輸得更慘，因短短幾年間，這家公司兩次80合1，不斷供股不斷下跌，最後把20萬股合成31股。雖然我們沒有供股，但手上的投資幾乎報廢，加上當時家中積蓄接近耗盡，於是父親大怒，也不願讓我買股票，那時是我的黑暗年代。

大量閱讀了解投資

於是我開始不斷找失敗的原因，不斷看股票報紙，不斷找股票書看，終於明白這些股是一些不好的股票，專以欺騙股東為樂。我開始明白那些股票的走勢是如何，慢慢了解股票如何炒作，但究竟要如何通過股票賺錢，我還是不知道，如何挑選有價值的股票，我還是比較迷茫。當時我開始看柏楊版資治通鑑，開始把重心移到中國歷史，從歷史悟出商業世界的奧妙，亦因父親不許我炒股票，我只能默默留意。

在2001年，不知為何留意到中國石油（0857）股息非常高、市盈率似乎也低。也好像是2002年至2003年左右，開始接觸到經濟日報，

後來更長期訂閱，並開始作為我炒股票的精神食糧，由於會考考完沒事可做，除了繼續看柏楊版資治通鑑外，亦開始接觸東尼、黃國英、林少陽等等價值投資書籍，後來中石油獲巴菲特入股股價暴升幾倍，終於有少許明白炒股可以按股息及市盈率了。這件事亦令我開始回歸到小學時的想法，原來找到更高股息的代替品，即使賺少點錢，也可以不用再工作，有時也感到興奮。

高考的不如意

會考的成績雖然不是很好，但仍然回到原校，像是成功了。高考時因長期用力過度，臨考前鬆懈下來，加上一時間的意亂情迷，不溫習反而非常專心看股票和其他書本，結果造成狀態下滑，高考成績不如預期。選科時預料自己成績不錯，選了一些收高分的科目，其他都是亂選一通，但是最後出來的成績太差，那些科目不能再選了。

當時心情非常低落，幾乎半個月也呆了，高考放榜前一天，連電腦無端壞掉也沒心情修理，選大學科目也要借用媽媽朋友家的電腦。後來發現我竟選了不少財務科目，收生成績也符合自己成績，於是把這些財務學位排在前頭，誤打誤撞抽中了其中一個，我總算成為我們家中第一個大學生。

這幾年，我沒有投資，專心儲蓄，儲下了幾千元。我申請大學資助，幸好政府發給不少資助，再找點兼職，誤打誤撞找到一份補習社工作，總算重新開始另一種生活。

重啟投資之旅 購入被低估股票

2005年11月，領匯（0823，現稱領展）解決了一些法律問題重新上市。當初我記得很少人看好領匯，我第一次看招股書時，留意到旗艦商場樂富中心的價值竟然只是數千塊一呎，完全是賤賣，但當時仍未到18歲，所以沒法購買，再上市價錢好像和上一次上市差不多，終於感覺機會來了。

我詢問父母意見能否重新投資，父親認為不是用他的錢，既沒反對也沒支持，叫我自己決定，於是我預留幾千元的未付學費申購一手，結果獲分派，上市後走勢令很多人大跌眼鏡。就是這樣，我重新開展這十幾年波瀾壯闊的投資歷程，我在2007年左右因要調動資金買其他股票，約賺了一倍沽出領匯，當時算是很好價錢，但是現在回看，卻是賣在非常低價。

獲得學生貸款及資助，加上工作所得，大學生的我手持2至3萬元，開始重回股市。那時仍不太懂投資，但知道要買高息、低市盈率的股份，當時因為高息抽了越秀房地產基金（0405），最初只求短炒，後變長期持有。後來，又不知為何留意到David Webb買富士高（0927）的新聞，就開始研究，發現也不錯，最後自己也買了一點，陸陸續續增持至重倉，這批股票我最少持有了幾年，才陸陸續續沽出。重回股市後，我也有不斷在網上找新聞看看，也會留意討論區，後來誤中網上討論陷阱買了一隻安寧控股（0128），虧了一個月補習薪金，回想起金額只有一千多元，但卻悟出了不要亂相信網上推股的道理。

當時的我確實非常專注股票，雖資本不多，沒錢買太多股票，但除了上課外，我很少和同學交流，只專注「蒲」圖書館，和中學和大學同校朋友外出，也是行書店看看財經周刊，購買很多國內周刊，以及很多商業和股票書。其中以 Jesse Lauriston Livermore 故事為藍本的《股票作手回憶錄》(Reminiscences of a Stock Operator)令我感受非常深，他的操作法，加上日後看圖的經驗，對我日後的投資有很大的影響，使我能夠慢慢有一些基礎的知識去面對上落。當時功力漸增，但我心理質素實在太怕失去，有時交易也無法做得很好。

同時間，大學暑假一般也長達4至5個月，我通常看完報紙就開始看書，另外又發現印刷版招股書不用錢，也就開始特地出外去取招股書，一本一本的看，此習慣到現在仍然繼續，只是由印刷版轉為電子版。

耗盡積蓄 狂抽新股

除了持有剛才提及的股票外，2006年底我也開始轉抽新股，當時出現一陣國企大型上市熱潮，幾乎每一隻新股都會急升，我幾乎每次都賺錢，所以那時我投入所有儲蓄去抽新股，有次戶口只剩下10塊錢，更有是退回新股退票，立即已經準備抽另一隻新股。其中，中交建（1800）持有幾個月已賺一倍，沽出後又再升一倍；洛陽鉬業（3993）上市第一日就升逾100%，雖只中一手，仍獲利甚豐；不過，中煤能源（1898）上市後不久已沽出，只賺了一點，其後暴升幾

倍沒有把握機會，至今想起仍覺得有點可惜。

不久，我的本錢利用新股投資及新學的短炒投資法，由幾萬塊，短短半年間已增長幾成至十萬，留意到富士高業績不錯，股價卻不漲，我再次大手買入，竟然業績也是很好，股價開始暴升一倍多，身家再急漲至十幾萬，非常高興，當時又看到長江製衣（0294）業績很好，生意獲暴利，又派高息，大手買入後更提取實物，至今十餘年仍未沽出，至今獲利不錯，但在領展面前仍見遜色。

投資理念全面受啟發

2007年暑假，我把補習工作給弟弟，專心留意股市，當時股票急跌後急升，上演大奇跡日，又出現港股直通車，完全是一個瘋狂的年代，其後一兩年對於我來說，確實是對我未來投資有很大的啟發，覺得功力又進一層：

- 因無意接觸一個當時著名的港股論壇，認識如何炒作股票，了解一些核心會員的炒作法，例如了解到基金股的走勢，認識到一些沒有成交但持續上升的股票，明瞭一些公司行動如合股、派紅利輪的實際含義。另外，當年其中一名著名會員的留言，令我對殼股投資開始有一些朦朧的概念。

- 看到周顯的《炒股密碼》，知道原來可以在港交所網站，看到上市公司訊息和招股書，當時股票的炒作變動仍是很單純，基本上看公

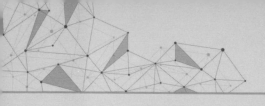

告已了解大概，我也開始慢慢看業績，了解到上市公司的騙局，開始明白為何當年會輸錢。《炒股密碼》內容其實很有突破性，配合當年看到的網上內容，我似乎開始找到自己的盈利模式，有信心能寫出比報紙更好的內容，決定開設自己的網誌，習慣維持了十多年，於最近終於結束。

· 發現了看公告，可以發掘到很多有價值的股份。當年發掘了不少好東西，只是當年沒錢所以沒有買，加上缺乏相關知識，所以也損失了不少機會。

· 開始利用《股票作手回憶錄》的理論，持續看圖，不斷的看圖，當時一次過會看20大升幅、20大跌幅、52周新高和新低，持續看了大約一年，看出了一套炒作方式。知道股票如何是強，如何是弱，並配合我過往的經驗，開始鑽研出一套中長線買賣方式，但就常常輸給心魔，所以成功率仍然有限。

· 我的畢業論文是研究初次52周新高和52周新低其後一年的表現，當年也開始看到不少財務論文，發現業績是和股票走勢急升是有很大關連。當年留下來的舊財經雜誌發揮作用，我不斷找出這些股的規律，發現強勢股確實是會繼續強勢，可以取得較大市好的表現，弱勢股確實會較大市弱一點，為自己的一套買賣理論加上一些學術支持，結果論文取得非常好的成績。

· 於畢業前後，我在討論區綜合多年看報紙及公告的經驗，開始談及一些不良上市公司集團的玩法，結果引起熱烈迴響。我因此積下

一些人氣，部分讀者進入我的網誌，他們持續更新留言，成為我網誌第一批的讀者。我的網誌開始以不良公司集團為基礎，在網友鼓勵下，花多年時間，終於建立了一個不良股票名單，現在仍保持更新。

雖然當年功力似乎大進，但是2007年底市況不佳，加上金融海嘯影響，股價急跌，所以投資成績開始轉差。加上當年仍加大投資，在高位又沒有賣出富士高獲利，所以把過往的盈利逐步虧損掉。

同時，我大學畢業了，在未找到工作前，我繼續撰寫網誌，因為系統時常變動，弄得我不知所措，網誌流量一度出現不穩定，幸好當時還未找到工作，所以可以把資料逐步逐步轉移，終於把全部資料遷至現時系統，成為未來十多年繼續運用的網站系統。

不久，因一些誤打誤撞的原因，我找到一份安穩但不用多面對人的銀行工作，工作時間安穩，加上工作本身也是從事一些企業的分析，所以開始進行更深入的資料搜尋及思考。

工作時進行企業投資研究，在網誌就寫一些關於細價股，特別是炒股及作風不良股票的研究。由於當時研究細價股及企業博客網誌較少，加上我很努力推廣，而且每日更新及推股準繩求高，網誌人氣愈來愈高，規模愈來愈大，形成一股新勢力，我當時甚至開設論壇和財經平台，但種種努力，到最後還是要告終。

賺錢也要有人品

雖然寫網誌的初衷是希望有名氣及財氣，但後來家中發生一連串事故，更遇見了一個人，令我重新思考了自己人生觀。

在幾個月不斷的思考，我發現做人一定要有人品，不可只為自身利益而利用他人，所以斷絕再跟某些人來往，愈來愈想進一步揭發股壇不公之事。當時，我開始重新閱讀很多過往的新聞及股票資料，把自2000年David Webb關於股票文章重新閱讀一次，嘗試把過往的知識逐步綜合起來，努力去重建自己的股票知識體系，令自己成為一個可以把公司歷史構建出來的人。

我開始預示未來，推出不少作風不良股票指數及系列，有些網絡甚至公布得比David Webb更早，我希望致力提升大家的股票知識水準，當然部分人不接受我的作風甚至離棄我，但我依然故我，即使公開這些資料會為我帶來不少麻煩。在這幾年，我的股票、對企業的反思，水準提升了不少，亦啟發了不少人找尋到自己的方向，不論正面還是反面。

與物業升幅擦身而過

之後，我很努力避免身分曝光，專注自己研究及寫出不少作風不良公司的系列。在2010年我賺到一些錢，和物業投資擦身而過，2011年更輸了不少錢，但套現後在低位審慎思考物業投資及股票投資的利害，最終選了後者，再次失去置富機會。及後2012年公開做了一些出格的事，加上我認為手上的金錢足夠我去讀書，我決定去追夢。但後來因舊上司介紹，結果又去了另外一家公司工作，公司老闆很支持我繼續努力讀書，工作如魚得水，過了一段幸福的時間。當時投資的框架都確定，加上機會甚多，資金開始幾何級上升，邁向坦途。

其中，給我啟發的是味皇兄，我和他時間線可能只是相差3年左右。早年他也是生計無著，後來不幸投資一些假數股出現虧損，痛定思痛汲取教訓後，再通過投資股票起家，想出一些令人驚奇的理論，我覺得非常具啟發性，後來他套現股票並投資物業，再向銀行貸款，在資產升值潮下，賺得一筆錢後，並開始進行大量物業投資，獲利豐厚，其後又繼續進行其他股票投資，資產增值更快，最終退休。

這使我深受震動，發現自己投資上可能有問題，組合上應該增加物業投資，需要改善。

後來，又再遇上一個物業投資機會，但因為不懂按揭的藝術，最終又是被心魔控制，收購失敗。於是繼續投資股票，幸好仍能獲利豐厚，身價更上一層樓，更在不久在現實世界認識了現時的妻子。

歷盡人生低潮 終於退休

在2015年港股大時代前後，為築愛巢購入第一個住宅物業，使部分資產避過了大跌，其實港股大時代我也能成功高位套現，亦有買第二個物業的念頭，但因種種時機失敗。我把這筆資金重投股市後不久，股市開始急跌，加上我離開了前公司，找到新工作不如意後又再失業，結果導致人生的低潮到來。

當時股市低潮，我不想出售股票，手持現金不多，加上每月物業要供款，又要準備金錢結婚，過了一段非常拮据的日子，幸而父母於難關相助，加上女朋友願意接納結婚過程一切從簡，最終也是捱過去。

舊公司願意重聘，以及獲得一些外快機會，同時加上股市好轉成功套現，我也漸漸恢復元氣，並把握機會投入工廈投資，成功把握到一些機會，加上物業升值潮，資產越加豐厚，最終憑著被動資產的收入，加上眾多外快機會，成功提早退休。

雖然說人生流流長，但我現在的工作還是不少，加上我和妻子對物質要求低，且堅信自己的資產仍然會不斷成長，所以我相信自己的

未來還是可以。我知道我已經完成小時候的夢想，就是靠資產帶來的高利息現金流而退休，到現在，我仍然不太相信這是真的。

本書結構簡介

第一章：這一章會講解不同金主的賺錢風格，也會介紹莊家股票炒作的「三段式」套路，即收集、炒作／轉錢、派發。

第二章：詳細披露三大「謎網」集團的運作手法，揭開幕後人士如何利用融資技巧，建立股票網絡。

第三章：較為理論性，提及一些作風不良的公司，如何運用現有上市規則達成自己目的，也會提及現時監管機構的應對方式；

第四章：則是關於筆者選股的方式，這是首次有著作整理David Webb投資方式的框架，筆者亦會公開個人的選股、操作方式，希望大家看完後，在財技上及投資方式獲得足夠啟發。

在此，我想多謝我父母對我的養育之恩，多謝我妻子怪獸老婆Meir給我足夠的耐心和愛護，容忍我的壞脾氣及急進，雖然老婆有時會不高興，但總是會原諒我，是我強大的心靈支柱，也感謝她的大量。特別要多謝我的好拍擋Abby，在我一無所有的時候，仍然支持我的理念。

多謝味皇常常給我投資的啟發，也要感謝三文魚、龍生在我失意時的給予支持。

製作一本書實在不容易，加上我是第一次寫書，在此要多謝編輯排除萬難找我出書，給予我充足的耐心及體諒，協助我完成這本書，而且也聽了我不少廢話，給予我內容及編輯上的意見，感激他堅持下去的勇氣。

多謝梁杰文、十一少、管我財及盧志威替這本書寫推薦序，給予我寶貴的支持，另外也感謝am730高層過去8年，請了我寫專欄，當中我曾用過兩個化名撰寫，專欄令我有一些名氣，最終有出版社邀請我出版這本書。還有很多想多謝的人，在這兒沒有被提到的人請原諒我，我會親自跟大家說句多謝。

最後感謝把這篇長序看完的讀者，希望你們看畢後會有所啟發，更希望此書能使你們的投資路更平坦！

謝謝！

湯未生

Chapter 1

破解財技
炒作套路

1.1　　莊家爲甚麼要炒作股票

1.2　　炒作資金的來源

1.3　　三段式套路：收集

1.4　　三段式套路：炒作、轉錢

1.5　　三段式套路：派發

1.1
莊家為甚麼要炒作股票

很多人以為莊家是萬惡根源，賤價收購、賤賣資產、炒作股票的目的只是想損害股東權益。以上的定義不免膚淺，依筆者觀察，不少莊家最初只是生意上「缺錢」，並不是存心想「劏水魚」。

這些上市公司最初也是正經做生意，有遠大目標，希望透過收購擴大版圖，但收購所需資金龐大，只好利用各式非常手段去籌資解決問題。簡單說，這類型公司，集資和炒股票已經成為公司的「本業」。

在嘗試不同的集資方法後，部分公司發覺「集資」本身就是一種財路，不但放棄經營本業，還把財技人士引入董事局，終致被財技人士控制而不自知。財技人士不是懂經營之輩，故此這些公司屢屢虧損，並不斷以該種非常方式去集資，成為了常態，上市公司最終只被當作集資工具，而且被人定義為「垃圾股」。

炒作股票只為做大生意

這些老闆，大多數是屬於「業務型」的缺錢。1970年代至1997回歸，香港這段時間快速發展，不少上市公司因為需要開拓業務，需要龐大資本以供集團運作。

部分上市公司選擇大量發行新股集資，但大股東手上股權亦因此大幅攤薄。如公司把集得的資金運用得宜，資產或因時間推移日趨豐厚。

但若集資失敗，為令公司不致破產，均會採取「高人工」及「私人開支公司化」政策，使自己手上現金增加，方便日後財務運作。其後或在企業融資人員建議下，配合「低價配股」、「低價供股」及「買垃圾」方式，將股權集中，其後利用一些概念，將股價炒作，再進行配股集資，以供日後發展業務及日常開支之用。

總之這類型的公司，集資／炒股票只是為了公司的業務。

如業務成功，則可以利用管治缺陷，以低價從上市公司收購公司資產，甚至賤價提出收購公司控股權，私有化公司，如業務失敗，日後的炒股票則多數轉為「本地金主驅動型」。

炒股票可以分為「業務驅動型」及「金主驅動型」，而「金主驅動型」一般可分為「本地金主驅動型」及「中國金主驅動型」，筆者將於下節詳述之。

1.2
炒作資金的來源

香港股票的炒作世界，近年開始牽涉了「本地金主」及「中國金主」，首先講講「本地金主驅動型」。

本地金主「白武士」式買殼炒作

不少「業務驅動型」失敗的老闆轉為「本地金主驅動型」老闆，1990年至2000年代末是這類人士的活躍期。這些公司在好景時業務擴張過度種下禍根，或是本身出現財困，上市集資後仍未能解決問題，負債過重之下導致陷入財務困難。部分本地金主眼見殼股有價，於是利用債務重組方式拯救這些殼股。

這種拯救方式，最終會令「白武士」亦即金主取得控制權，其後，不少本地金主注入各種概念（例如科網、航天或生物醫藥等），惹起市場對公司的憧憬。概念注入成功後，大多會出現殼股炒作，升價十倍，金主獲得巨額利潤。但一般而言，熱潮來得快去得也快，故大部分殼主只能緊握手上殼股，待景氣到來。

以不公集資方式「養殼」

由於金主的收購及炒作本錢，也許亦是以高息借來，對殼股只抱著短線進出的態度，對於經營上市公司並無長遠規劃，故此在困境時，當然會利用一些苟延殘喘、且在小股東看來不甚公道的集資方式來維持公司運作，例如「以股換股」、發行新股、可換股債券集資。又或者會收購「關連獨立第三方」的垃圾資產，鞏固上市公司控制權，再減持股份套現，之後再利用大折讓供股吸引「碎股黨」供股，目的只是不停印股票，以籌集資金來維持營運，周而復始。

部分高手眼見市場上「水源充足」，竟大舉收購殼股，藉此擴充其「業務」，方式更不斷變種，但萬變不離其宗，套路主要是掩蓋持有集團內上市公司控股權的真相，其後通過多種套路來進行集資，維持系內經營運作。

甚至利用集資資金，成立公司共同持有證券行、物業資產、財務公司、基金公司，甚至共用同一座大樓辦公室。

在近年資產升值潮中，這些金主獲利甚豐，開始購入一些更值錢的核心資產，為引退做準備，同時在監管當局嚴打之下，這些金主將自己所持的股份轉予一些中國內地金主，並協助其發展香港上市財技王國，形成一個新型派系，即「中國金主驅動型」。

在筆者而言,「本地金主驅動型」是最邪惡的,但近年在監管當局打擊下,以及股民在輸怕之下,已漸漸沒有聲勢。

中國金主日益擴張

今時今日,中國金主規模的確比較大。

早年的民企,業務規模未算大,因此需持續擴張業務,但內地銀行難以支持其需要,故此這些公司缺乏資金,加上A股也難以申請上市,擴張之途大為受阻,而香港財技融資派有上市平台、也有資金,加上內地商機龐大,容易作為炒作概念,故兩地人士一拍即合。

中國投行成財技的主流

這些公司選擇赴港收購殼股上市公司,並「借殼」上市,但隨時間推移,民企上市方式漸趨容易,國內上市渠道亦愈來愈更多,可靠的民企開始採用直接方式上市,而非「借殼」上市。

剩下來的國內公司,業務大多不靠譜或者有一定缺陷,甚至有硬傷,更有可能是造假,他們只好繼續赴港上市,這些公司要令自己變成符合上市規範,此舉需大量財務人員支持。即使上市成功後,這些公司仍然需要資金運作的財技人員。

中國大型投行有很多通曉中西文化的財技人員，他們一般曾在海外留學，在國際投行待過。這些投行要跟外資投行競爭，為了爭取這些中國民企及國企的財務運作交易，他們不惜提供一些「踩界」的服務，以維持彼此之間的業務聯繫。而且投行背後的中國金主，多為國內政界支持，因此取得的交易亦以內地背景的民企為主。

因此，隨著民企在港的上市愈來愈多，中國大型投行逐步成為香港財技的主流。

民企伙金主找「街外錢」

這批民企突破重重難關起家，一般也隨著中國發展而壯大，故非常有膽量，希望用「一塊錢做十塊錢的生意」，對於潛規則一向非常熟悉，同時也希望將資金移至境外地區，以達成資產多元化。

而中國金主負責人眼見中國富豪享受不錯，自己任職位置雖有權，負責金錢很大，但只是「看得到，摸不著」，為了跟富豪做朋友，也希望提升至同一層次，這非常需要錢，所以金主為了賺錢，與民企一拍即合。

中國金主有時是抱著「街外錢，齊齊賺」的心態，主要是協助民企利用國定機構的資金以設立更多平台，以形成自己的「小金庫」，慢慢建立自己投行王國。擁有自己的王國，聲譽好了，就可以避過更高層次的監管。

避開了耳目，就利用各種放款方式、接受各項股票抵押進行股價炒作，以協助發展激進、但質素稍差的民企老闆進行發展，並從中收取一些好處費，甚至協助他們將資產多元化及逐步移出境外，之後請自己的「小金庫」接貨了事並從中分成，從而將國家的資金「私有化」。

所以作為股東，買入其實是幸福的，因為這些集團不惜工本進行炒作，小股東無端端發大財，其他人只要是參與不多，通常也可獲利離場，所以這一種是否算垃圾股，則仍有可商榷之處。

1.3
三段式套路：收集

炒股票的套路方面，其實離不開一般炒作股票的「三段式」，「收集」、「炒作」、「派發」，或許「炒作」中間會加入「轉錢」的環節，筆者嘗試和大家介紹。

一般而言，要玩股票，首先要有一家上市公司。但如何取得上市公司的股權，則有一定學問，以下招式是可以互相混合，變種成其他方式，但萬變不離其宗。

股權收集的基本方式

直接在市場上向其他第三方收購：一般而言，這種手法是最貴的方式。因為能收購的殼股，一般體質也是不錯，並沒有太大的缺陷，反正這些抽水公司，好的壞的也是一樣，所以財技高手為了「不犯本」，也不會利用太高價錢，收購一隻成本太高的殼。

但是如果是一些內地金主，為了轉移資金至香港，或是財技高手已

利用人頭控制極高股權，也會願意以高價進行收購上市地位，再進行炒作。

接受殼股抵押：這是一般財技高手最喜歡的方式。因為通常進行抵押方式，取得資金的上市公司一般已陷入財困，貸款人除了可以取得較佳利息條款外，也可以取得股權擔保品，甚至得到董事會控制權。當大股東無法還錢之時，貸款人可選擇斬倉，亦可對前大股東追討損失，部分貸款人甚至看準港交所會為財困公司發出發行新股豁免，藉此以非常廉宜的價格認購公司新股及可換股債券，最終取得控股權。

債務重組：一間財困的上市公司，如果加上一些令人生疑的交易，核數師、銀行、財務公司及其他債主也不會放過大股東，形成核數師不能及時發出帳目、銀行及財務公司因上市公司未能還款而「追數」，其他債主也會入稟清盤，財技高手亦因要取回權益而進行債務重組。

這時，財技高手會利用手握債權及股權而作為「白武士」，利用自己過往的權威來威迫債權人來達成對自己有利的方案，從而以低價收購上市公司地位，為自己賺來一個「搵食架生」。

但一般而言，債務重組需要各個持份者同意，才可達成完整方案，曠日持久。加上近年上市規則改變，停牌後若不想除牌，需12至18個月內復牌，可謂時間緊逼，但港交所對上市方案的要求不再寬鬆，會考慮公司的持續盈利性及行業可行性，所以重組的公司難以

於12至18個月復牌，因此重組收殼的成功率也不特別高。

而且對財技高手來說，債務重組的時間及財務成本較高，大部分財技高手也不希望進入這些不知何時會成功、難以得悉成功率的賭博中，所以相關的收殼操作已漸少。

重複運用一般授權認購股份：這一招主要是用盡了一般授權20%的限制，以連環配股方式取得上市公司控股權。這一招看起來威力不足，但是如果在股東大會前利用金主的證券行先進行一次配售，然後再經過股東大會授權，其後再利用金主的證券行進行一次配售的話，兩次發行的股數已經是原來的44%(20%+20% x 1.2)，亦是已擴大股本30.56%了[20%+20% x 1.2 / (1+20%+20% x 1.2)]，已經越過了全面收購的限制，變相已取得上市公司控股地位。

以特別授權認購可換股債、發行新股及供股：這一招是過去幾年興起的手段。有部分上市公司因為財務不穩，無心經營，考慮賣殼，但因為新金主財力有限，或是希望「四兩撥千斤」，故想避免全面收購以加快入主及炒作進度，此時，公司原董事局會進行特別授權，配售可換股債、發行新股或供股，並找新主的證券行作為代理。此舉可方便新主利用「人頭」購入配售出來的股份，並快速地取得控股權，完成收集的過程。

以股票收購物業：有部分集團式人士為了增加手上股票數量，以準備日後套現換取營運資金，他們把集團旗下上市公司的物業，出售予同系上市公司，同時以新股支付。

透過這種方式，不但物業仍然保留在手，而且憑空創造了一些股票。這批新股變相使集團整體持股上升，供日後「向下炒」套現之用。如果日後集團將股份賣光，可以再「照辦煮碗」，再把物業向同系公司轉移，並印新股，以供集團日常運作之用。

以股票收購物業概念圖

A公司向B公司出售資產，B公司以自身股票支付

B公司售回同一資產予A，A公司以自身股票支付

整體來說，資產控制權沒有變化，但股票卻因這次一買一賣而增加，成為他們可賣出的資本。

1.4
三段式套路：炒作、轉錢

在收集股票後，當然需要考慮炒作，一般而言，在正式炒作前，炒作集團會利用自家或相熟的證券行進行配售，買家很大可能都是關連人士，當然，這批股份都是用於日後出售套現之用。

配售後，現金會存放在發行股票的上市公司，他們要把現金套出來，原因有兩個：

1.在集團資金運用的角度上，把資金套出來，日後就可以於系內其他公司上重施故技；

2.轉出資金於集團外運用。

總之，轉錢是為了促進集團資金流動性，現金會轉至自己集團的私人錢包，這種方式其實是有點灰色地帶，為了避免過分受注目，他們也是用各種各樣方法，避免進一步的披露。如果看到上市公司有本節所述的轉錢行為，應該考慮不要購買該股份。

至於炒作，是為拋售股票（即下節提到的「派發」）做好準備，作營運及未來擴張之用，他們有時不會托高股價，可能只是維持股份有足夠交投，使手上股票成功出售。

為了「慳水慳力」轉錢及同時進行炒作，只要懂得利用一些交易、製造惹人憧憬的假象來引人上鈎，就可以一箭雙鵰。方式有以下各種：

購買具有概念「垃圾」： 這是最低階的套路，就是向關連獨立第三方購入「垃圾資產」。首先找一些「人頭」購入資產或業務後，向資產注入了一些耀目概念，估值師的估價亦會非常進取，其後再將之以匪夷所思的高價，注入集團旗下上市公司。

交易的代價當然是憑空創造的大量股票或可換股債券，之後炒作股價，並開始進行廣泛的派發，集團大獲其利。

成立合資公司： 這批集團經歷多年發展後，建立了巨型上市公司的網絡，集團內的公司早已暗中互持互控，但由於一般人難以發現，所以就算有人懷疑他們是有關係，也難以證實，但當然也會留下蛛絲馬跡。

例如在中央結算紀錄（CCASS）上，他們的股份會由一間或一批有關係的證券行持有，又或是配售時也是採用這一批證券行。

在取得配售現金後，這些公司或許為了令公司股票更容易出售，部分公司會跟系內名聲較好的公司，進行一些合資操作，或者是利用

資產合資，包括但不限於石油、林業、醫療、金融、地產、珠寶、融資、科技、證券等等。實際上，合資操作可能只是把資金放入集團內，供其更自由地運用。如果他們需要掩人耳目，就進行多次重覆換股，把舊公司資產轉成新公司股份，令投資者難以知悉影子集團的操作，從而隱瞞股東實質意圖。

炒作過程中，也會製造一些時髦的藉口，希望利於股價炒作，伴隨著的是非常大的成交，以製造成交活躍的假象。

利用放貸轉走現金：集團系內通常也會設立財務公司，他們會接手「人頭」們自家集團或者其他有問題的抵押品，然後把款項貸出，期間或會「收取」高息，假裝交易合情合理合規。

一般來說，配售股票得來的現金，可以利用這種方式轉出來以供運用，甚至用作控股。如果未來貸款出現狀況，集團會利用私人公司以折扣價購回債權，從而賺得套出來的資金差額，也可使公司「乾手淨腳」，潛在問題亦可被消滅。

從右圖可見，兩家公司的大股東表面上各控有20%股權，實則以「獨立第三方」持有控股權，「第三方」購買股票的錢，正正是A公司、B公司放貸出來的錢。

放貸轉走現金，再用以控股

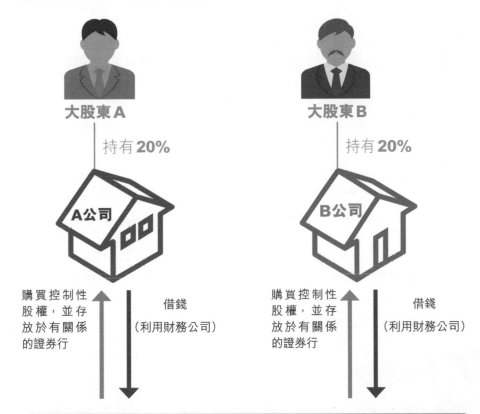

大股東A

持有 **20%**

A公司

購買控制性
股權，並存
放於有關係
的證券行

借錢
（利用財務公司）

大股東B

持有 **20%**

B公司

購買控制性
股權，並存
放於有關係
的證券行

借錢
（利用財務公司）

關連的「獨立第三者」

購入或互換相關股份：上市公司高調向有概念、正進行炒作的同系公司，作股份轉讓，甚至互換股份，籍此稱自己進入某「明星」產業，以製造利好消息。以避免受人懷疑，通常會表明交易對象是「第三方」，公眾亦難以在公司通告內，得悉其實際意圖。待日後完成派發，這些股票多數也會成為廢紙，變相完成了轉錢的動作。

買入基金份額：這一種方法近年興起，其實是成立合資公司的變種。由於香港股權披露的缺陷，最終持有人通常只顯示基金經理的實益擁有人，而非出資人名稱，這就可以隱瞞最後的出資者，以避免讓其他人士得悉實際的交易變化，以方便轉錢，同時可以藉這種神秘性，來進行炒作。

這種方法會利用集團內專業中介人公司，把資產包裝成基金，通過其他收購而來的上市公司，利用之前在由集團旗下公司認購所得的現金認購這些基金的新單位，以把資金轉至基金之內，這樣集團就可以通過基金，重複運用資金作擴張用途。

1.5
三段式套路：派發

有人說，派發涉及的技巧比炒股票還要多。一般來說，發放利好消息、略進行炒作後，他們會拋售股份套回資金。由於派發數量過於龐大，傳統於市場上派發已經未必有效，因此如看到以下的動作，不妨想想股份是否有派發之嫌。

大比例、大折讓供股： 部分股票集團會利用大折讓、大比例供股。筆者以前一直覺得，這種供股可能是用於榨壓小股東的手段，但是在一部分投資者眼中，這是一個低價購入股份的機會，可利用市場價格及供股價的差額來套利，因為折讓特大，有時利潤看似非常豐厚，但偏偏莊家就是利用這種方式，向投資者派發股份。

一般而言，這些股票在宣布供股後，股價未必有非常大的跌幅，但隨時間供股迫近截止日，股價會持續下降，但亦不會跌破供股價。甚至在供股除權後，為引誘投資者認購供股股份，有人會利用除權後市場價值下降的真空期，將股價大幅炒高，令供股價與市價產生大額差距，使人誤以為可以賺取大額差價。

可是，其實有人可以在供股截止後大幅沽售股權，將股價大幅拋售至低於供股價水平，較晚取得實股的投資者，會面臨巨額虧損而且欲沽無門。可見，幕後人士可以通過供股及炒作，獲取大額金錢，以供日後營運。

沽售過後，公司可宣布業務無利可圖、不如預期，甚至技術失效，以非常短時間大幅將業務減值，導致投資者錄得更大幅度損失。

傳媒或網絡打手：早年，由於網絡仍未盛行，人民吸收資訊仍以報紙為主，且當時報紙的信譽度甚高，故莊家炒作股票後，或會找一些相熟的報紙專欄合作，把想要介紹的股票寫在自己的專欄，待讀者閱讀後，他們或會購買股票，莊家亦可達成其出貨目的。

後來網絡興起，紙媒逐步沒落，加上部分專欄亦被冠以「打手」之稱，故以報章推股方式已漸沒落，但仍然有部分金主操縱不同形式的媒體，配以時下具娛樂性的新聞，向投資者大力推介想派發的股票。這些傳媒不太賺錢，因此金主只視之為散貨渠道，向投資者銷售為數不菲的股票，以作為這批傳媒的盈利模式。

近幾年，有金主傾向找年輕的朋友，包裝他們為「財經KOL」，最初的推股百發百中，吸引支持者後，利用其名氣推一些「打莊」股票，協助莊家散貨，不斷耗盡其支持者的購買力，待其名氣敗壞後，再打造另一批KOL。

此外，股票炒作的前後，亦會派人在不同網上平台發布「打莊」股票

的消息、不斷推股，發言、回覆問題可能均是同一批人，以吸引注意，方便向網友派發股票。直至出貨完成，股價持續下跌後，帖子的人隨即消失，網友雖知悉墮入騙局，但亦為時已晚。

投資移民：香港投資移民接受股票作為投資項目之一，一些股壇中人就與不正當的移民中介合作，將一些炒作過度的股份，向急於進行投資移民的客戶出售，同時向中介付出高額佣金，甚至自行請人開設移民中介。

這批投資移民不可將股票帳戶內的資金移走，所以在購買股票後，即變相協助莊家在高價「鎖倉」，方便他們進一步炒作及派發，再騙更多散戶及投資移民，直至將所有公司股份出售為止。如果日後將股票全部出售，他們會不問價格出售股份，到時股價大幅下降後，再利用賤價配售補回股份，以保住公司控制權，繼續操控股價。

理財產品：有些莊家會和內地傳銷系統及理財產品銷售人員合作，把這批股票包裝成一些金融產品。這些金融產品提供極高額回報，隨時高達一年40%，投入產品的資金會用作炒作該上市公司股份之用。

或者動用這些內地傳銷系統及宣傳系統，在適當時候暴力買入股票，使股價急速拉升，升至極端高位後，再成立新的理財產品購入該股，變相把股份派發至這批購買傳銷系統及理財產品的人手中。

最後當然是股價暴跌或者是停牌，這批無辜市民就此變成受害者。

「微信女」:「粉塵爆破」後，莊家已缺乏資金，故他們的派發方式亦改以「低成本、高效益」型，所以「微信女」形式已逐步興起。

一般而言，「微信女」來自一些傳銷集團，至於這些莊家和傳銷集團合作，可能有以下原因：

· 在過去已經有深度合作，但因為資金不足，所以需要改變合作方式。

· 傳銷集團對銷售已有一定技巧及套路，採用「微信女」的方式，較易吸引一些有資產、喜歡投資股票的男性。

· 很多投資者已經知悉這批股票作風不良，難以吸引資深投資者，只好利用「微信女」吸引經驗較淺的人。

· 微信畢竟是內地軟件，香港的監管機構難以搜證。

一般而言，這批莊家已經在上市時取得股份，他們或許是策略投資者、創辦人、董事，甚至是合作投資及包銷的人員。這些股票上市時資產值只有幾千萬元，市值只是數億元，由於貨源由莊家掌握，股價在上市後不久即升十多倍，升值至達數十億元，遠遠超過公司資產價值。這些股票較冷門，故難以派發，這時候「微訊女」發揮作用。

這批「微訊女」多數使用特定化名，在一些社交平台出沒，對象都是一些年紀20至60歲、似乎是單身的男性。「微訊女」一般都在利用社交平台隨便亂找人聊天，看中該等男性寂寞的心，詢問對方微

信，貼心閒聊後，便說自己有個有錢叔叔是莊家或是證監會高層，聲稱能取得不少內幕，可以提供一些賺錢訊息。

其後更可能提供一些股票貼士，這當然就是想派發的股票。受害人購入後不久，可能會有一些買盤拉升，在收夠「水魚」後，股價即暴跌90%以上。

後來這種騙局曝光，「微訊女」開始混入幾隻中型或大型股票，「水魚」購入後，可能真的拉升數十百分點，令他們有賺錢的錯覺，以取得他們的信任。不過在更廣泛報導後，這批「微訊女」幕後的莊家可能已賺夠，已減少使用這種方式。

2018

2017

2016

2015

2014

Chapter 2

謎網的
前世今生

2.1　康健系 兒科醫生的殼股王國

2.2　華融系 私企「財神爺」

2.3　民銀系 錯綜複雜的控股關係

2.1
康健系
兒科醫生的殼股王國

香港的殼股派系實在不少,部分殼股集團仍然在生存中,有一個是以北角一物業命名、有一個是以掌舵人名稱命名、而另一個則以券商名稱命名。

現時因證監會嚴打,部分派系已轉趨低調,為免引起各界恐慌,所以本書只評論三個派系:康健系、華融系、民銀系。這三個派系早前被傳媒廣泛報導,原因是「股壇長毛」David Webb曾發表有關「迷之網絡」的研究。對於此三個派系,David Webb只描述了當中的關係,對於派系的發展過程沒有太多著墨,筆者特意搜集公開資料,加以整理後希望在此章　述。

筆者於第一章提及過三種股票集團,即「業務驅動型」、「本地金主驅動型」及「中國金主驅動型」,亦提及過不同的股票操作手法,透過本章三個派系的故事,希望大家會對財技手法的概念有所加深。

David Webb 曾發表「The Enigma Network：50 stocks not to own」
（謎網50）的報告，列出50隻投資者不宜擁有的本港上市公司股份。

謎網：50隻不能買的港股
(The Enigma Network：50 stocks not to own)

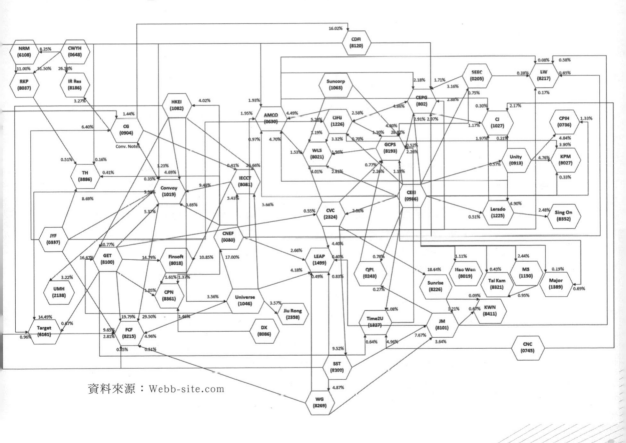

資料來源：Webb-site.com

在這個網絡中，曹貴子可以說是其中一個核心人物，因為他的旗艦公司是康健國際（3886），因此這一節稱他的關連公司為康健系。

曹貴子本身是一名兒科醫生，他不同關連公司的發展可分為三個階段：（1）草根創業期、（2）結盟時期、（3）遍地開花時期，筆者希望以人物出發，讓大家了解康健系的發展。

草根創業期（1999年至2005年）

曹貴子醫生於1963年在印度出生，父親曹金陸是印度華僑二代，其哥哥從事機械事業，姐夫是木匠，因此曹貴子自小從這二人身上學到不少知識。

曹金陸21歲開辦機械維修及建築材料的廠房，當時主要為印度茶園維修機械及從事土木工程，後來更擴充至3間，由於當時的印度經濟環境尚佳，曹金陸一家在當地過得安心富足。1960年代，中印爆發邊界糾紛，曹金陸家財被充公，更遭政府關進集中營。

後來，中國政府以俘獲印度的士兵人質，交換於印度關進集中的華僑，中國派光華號迎送人質回國，曹金陸一家因此遷至中國內地。不久，中國爆發文化大革命，曹貴子一度當過紅小兵，直至1971年隨家人來港。剛到港之時，曹貴子醫生不懂英文，故曹金陸在夜校讀英文向兩位兒子教授，使他們可以追上學習進度，後來曹貴子醫生苦讀考入港大醫學院，1988年畢業。

曹貴子早年已不甘心打工，畢業第二年向父親借了22萬，在沙田偉華中心成立康健醫務中心，兩年後與醫生朋友馮耀棠和陳永樂合資發展擴充，並和其他醫生及牙醫結盟，形成連鎖店，開創24小時應診，生意逐步進入正軌。曹貴子喜歡做生意，曾經嘗試搞飲食業及其他行業，但成績不如預期，幸好醫療業務經營良好。

三招把公司上市

2000年，曹貴子希望把康健連鎖醫療公司上市，但因為一些法律及會計問題，申請不太順利。其後，曹貴子經朋友介紹，認識了當時有「公司保姆」之稱、曾擔任上市公司東茗（94，現稱綠心集團）主席劉學宏。劉學宏是股壇老手，當年一手協助多家電子廠上市，他其後也入股康健，並授予曹貴子上市三招，包括：

1. 大舉擴張：收購多個同業，藉此壯大盈利；

2. 尋找戰略夥伴：向李澤鉅敲門引得長實入股，以壯大聲勢；

3. 注入發展概念：開拓中國內地醫療業務及養老項目。

終於康健國際（8138）成功獲批於創業板上市，股價更曾一度升價十倍。

上市後一個月，康健國際打算收購雅各臣控股旗下的雅各臣香港，但由於其執行董事持有該公司股份，而雅各臣亦為康健國際供應商，對此，康健國際並沒有披露，引起當時David Webb的抨擊，與

劉學宏一連串的裙帶關係亦因此曝光，該收購亦告吹，和劉學宏的合作亦漸減。

其後，曹貴子由於想大幅擴充業務，收購藥廠，進行綜合醫護所，同時亦想發展生物科技。當時認識了一位善用上市公司集資功能的宏安集團（1222）主席鄧清河，商業上彼此開始合作。2001年3月，康健國際由宏安手上收購位元堂24%股權，不久注入由宏安完成財務重組的上市公司得利鐘錶（0897），易名位元堂，使之成功借殼上市，成功進行一系列財技的操作。

6次配股大幅攤薄股東

曹貴子可能受到極大鼓舞，其後發展出多種財技。當時，上市公司配股沒有次數及折讓限制，康健國際於2001年3月禁售期一過，短短1年間進行6次配股，部分甚至是大幅折讓配股，損害了股東權益。其中，2001年的一次配售中，原計劃以先舊後新方式配售5,000萬股，約一半由公司職員及包銷商代理董事承配，認購者亦只有20名。

對此，證監會稱不滿意該公司指承配人為獨立人士，其後康健透過把配股數目減至3,400萬股，令大股東在認購新股時僅提高4.96%，藉以迴避當時每年5%自由增購率的限制，因而不用獲得證監會批准，該配售最後亦因此得以成功。

為了杜絕此等行為，港交所發出通知，需要在折讓20%以上的配售時披露配售人名稱，不久非典型肺炎肆虐，公司業務亦持續轉差，經營上亦陷入虧損，同時亦因為作風問題，配售集資亦有困難，在此情況下，公司亦被迫收縮部分業務。

為了籌集資金紓困，加上和鄧清河意見亦有分歧，故康健國際及宏安集團的合作逐步終止。康健出售與宏安合資、生產「珮夫人」藥水的盧森堡大藥廠予位元堂，再陸續出售手上位元堂股權，從而逐步退出與鄧清河的關係。

結盟時期（2003年至2008年）

在退出與鄧清河的關係前，另一位合作夥伴亦開始進入曹貴子醫生的視線，這就是「玩具大王」蔡志明。

蔡志明早年創辦旭日國際，從事玩具出口至美國，獲得豐厚利潤，並轉而從事醫療健康事業及物業投資。據日後蔡志明自稱，他在於宴會場合認識曹貴子，後因故赴曹貴子診所求醫，在言談之間稱長實將退出康健國際投資，故急需其他投資者支持，使他可以擴大實業，可以好好協助別人，蔡志明認為頗有道理，就開始進行商業上合作。

「二選一」的抉擇

曹貴子更把蔡志明介紹予鄧清河，蔡志明亦曾一度入股位元堂，引起股價炒作。不過，後來蔡志明及鄧清河在某些事情上意見不合，更有指曹貴子需在蔡志明及鄧清河之間「二選一」。最終曹貴子選擇了無論在志趣上、財力上均較豐厚的蔡志明。

曹貴子其後說服蔡志明支持康健國際，康健國際能重新通過發行債券、獲得寶貴的資金，以進行醫療行業整合及發展中國醫療事業，蔡志明其後決定給予更大支持，與曹貴子合作注入資金控有康健國際，與此同時，康健投資的普斯基因（8250）分拆上市。

創業板控主板公司

2005年4月，蔡志明及曹貴子的合組公司Broad Idea，以0.037元認購23.84億股康健國際，佔當時已擴大股本逾54%，用以進行收購及擴大本身醫療網絡，並由蔡志明女兒蔡加怡擔任主席，股價亦受此而帶動持續上升，獲得初步的成功。同年12月，蔡志明及曹貴子乘勝追擊，再以康健國際認購由在股壇聞名的「公司醫生」、前立法會議員詹培忠控制的星虹控股（0397，現稱權威金融）之1.2億元可換股債券，同時向蔡加怡發行新股，易名康健醫療科技，開創創業板公司控股主板公司的先河。

轉型體檢公司 兩股大升十倍

康健醫療科技在吸收資金後，購入設備建立一站式體檢中心，同時對同業進行收購，除成功擴大香港市場佔有率外，亦打入中國內地體檢市場，後來可能因為集團打算把康健醫療科技，培植為與康健國際看齊的公司，故將康健醫療科技易名香港體檢。

在一連串利好消息下，康健國際及香港體檢展開了為期大約數年的大牛市，升幅達10倍以上，可能是考慮到籌資需要改善形象，在2006年9月康健國際以70萬元收購了一家財經公關的25%權益，發展財經公關起來。

康健國際及香港體檢在2007年間聲勢達致頂峰，於2007年5月，香港體檢進行配售新股及可換股票據，有「殼后」之稱朱太亦曾以個人名義購入香港體檢新股，以供其擴大健康檢查業務，亦引起一波炒作，當時集團兩家公司合計市值一度達90億元。

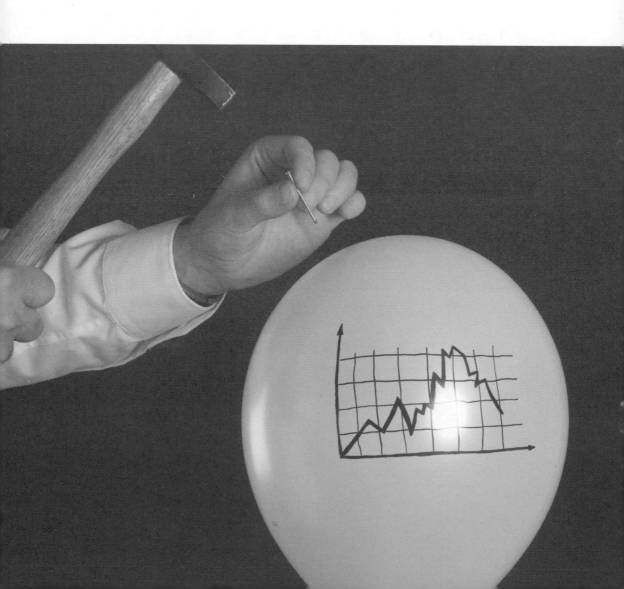

康健集團其後不斷擴張，如在2007年7月以4,832萬收購一家於新界西北地區擁有21家店的私人醫療及牙醫服務連鎖，再接下來以716萬美元收購香港顯赫植髮診所（及後收購遭終止），次月，康健國際及香港體檢各投資7,500萬，成立合資公司珍成，認購確思醫藥（前稱普施基因）1.5億可換股票據，再後來香港體檢全面以換股收購確思醫藥。

在不斷努力下，康健國際成功由創業板轉至主板，編號是3886。

但康健國際及香港體檢收購及擴張步伐似乎過於急進，整合似乎不易，加上收購價格過高，而本身業務盈利能力仍不佳，基礎不穩固，高昂估值只是建於浮沙之上。不久，金融海嘯襲來，康健國際及香港體檢股價對抗不到大市的巨幅下跌，進入長年下跌的狀態，股份亦需進行大額合股，因此被不少人認為是「垃圾股」。

蔡志明或許因為種種原因，亦逐步淡出在康健國際和香港體檢角色，僅與曹貴子有私人借貸往來，據蔡志明後來稱，借貸金額數以億計。至於蔡志明女兒亦只專注在醫療業務上，沒有沾手任何資本運作。

一直合作良好的「殼后」亦開始減少合作，系內的資本操作改由兩位系內財技高超的專門人士專門處理，業務開始遍地開花。

遍地開花時期（2009年至2017年）

在這階段，康健國際的財技發展有進一步變化，其變化估計是由許家驊醫生帶來一連串人脈關係引起。

許家驊醫生早年因為父親支持及金錢關係決志選擇讀醫，在1986年從港大醫學院畢業，後在瑪麗醫院行醫並一心自立門戶，直至1991年一償心願於香港仔開業，早年生意旺盛賺得盆滿砵滿，但當時醫生回流潮，該區競爭趨激烈，可能開始對工作開始厭倦。加上當時投資地產及股票失利，頓成負資產，欠債千萬，故開始鑽研經濟，並參加特許金融分析師（CFA，Certified Financial Analyst）考試取得資格，同時建立在政界及財經界人脈，先後進入關百豪旗下時富集團(1049)當公司的獨立非執董。

當時，權智國際主席（0610，現名稀鎂科技）亦向其招手，負責投資及內部核數，後來更因該公司生產一個心臟脈搏的醫療儀器，許家驊認識到曹貴子，於2007年開始進入康健國際擔任執董，後來更擔任確思醫藥主席及執行董事，負責該集團財務及業務運作。

同年，許家驊醫生亦開始擔任某家上市公司執董，令曹貴子認識了人稱「粉哥」的葉志輝，據稱「粉哥」現時約50歲，曾擔任智易控股（8100）獨立非執董。據該智易控股年報顯示，他於1992年畢業於紐約市立大學史坦頓島學院，後取得紐約市立大學柏魯克分校工商管理碩士學位。2007年，他創辦一家投資公司，主要從事投資於亞太區上市及非上市公司，同時從事電子零件及產品貿易。有傳媒指

出，早年葉志輝跟隨某著名細價股莊家搵食，學懂不少炒作技巧，據稱其作風大膽。

或許許家驊醫生認為太陽能有前途，當時改變了一貫作風，與康健國際和香港體檢合作似乎減少，除大手減持確思醫藥股權外，亦開始縮減了醫療業務，反而進軍太陽能及投資，其後更在2009年退任香港體檢（後易名中國保綠資產、君陽太陽能）的執董。

據市場傳聞稱，有人通過關係向財困殼主接手玩具生產商紅發集團（0566，即後來從事太陽能的漢能集團）股權，再通過財技方式取得控股權後，把福建鉑陽太陽能借殼上市，並委任許家驊醫生接手此事。

兩大財技高手相助

紅發集團賣殼，變成漢能集團，許家驊就是助漢能發展成千億市值集團的主要推手。許家驊其後更返回康健國際擔任行政總裁，同時也擔任系內多家上市公司的高層，估計是負責尋找大型投資者及進行相關策略性投資。

至於「粉哥」葉志輝則負責當中資本運作，手法似乎亦和其舊東家非常相似，加上曹貴子信用良好，建立大量人脈。三人成為集團明裡暗裡的「三駕馬車」，在三者相輔相承之下，康健集團開始進入大擴張時期。

當時其發展時間線大致為：

(1) 開設並收購多家證券行，負責進行集團內配售及分散旗下股份持倉之用。

(2) 收購沙田一項工業物業改建為集團總部，同時也開始把旗下物業組成合營公司，建立物業王國。

(3) 利用各種方式，例如上市前投資、認購股份、物業交換及和其他市場莊家結盟等，增加所持上市公司數量，並借出自己旗下的概念項目，或是向其他莊家引入概念。

(4) 收購獨立理財顧問控股股權，把公司包裝旗下項目為基金，利用所帶來的脈絡和中國內地財富機構合作，推出財富計劃。

(5) 利用旗下中國天然投資（前身確思醫藥）購入亞洲公關，進行公關推廣工作。

宣傳推廣、投資、炒作概念、資本運作、股價受追捧、物業投資、人脈關係等一站式發展下，系統發展迅速，有公司更獲得富邦及中國人壽入股，市值一度擴大至100億以上，並於中國內地開展經營醫院業務，旗下康宏亦同受富邦青睞，更成為大股東。

「謎網50」引爆股價

互相持股的公司可算是千絲萬縷,直至David Webb於新確科技(1063)及隆成集團(1225)投資失利,痛定思痛,找出其網絡,整理廣為人知的「謎網50」。

據市場人士估計,「謎網50」是一個聯合香港知名財技高手、國內莊家的鬆散聯盟,持有的上市公司估計約60至70家,正在籌備上市中亦有接近10家。

「謎網50」內的公司曾造成百億泡沫,例如中國集成(1027)及「翠如BB股」聯旺集團(8217)等,這些公司的市值一度過百億,可以見其實力之雄厚。但David Webb在2017年4月發表報告後,各家證券行一直在縮減相關股份孖展,有報道稱曹貴子亦向蔡志明求助,涉資20億,可是,網絡亦在2017年7月全面崩潰。

主腦落網 系統分裂

當日多個股份一度暴跌九成以上,莊家們陷入財務困難。事後執法機關發現大量違規證據,證監會及廉政公署開始進行打擊「邪惡集團」行動,調查多名相關人物及機構,有指當時曹貴子亦曾避走澳洲,直至2018年9月才正式返港投案。其後,曹貴子涉嫌在康宏環球以8,900萬元收購信盈國際時,隱瞞自己是康宏主要股東,詐騙

聯交所及康宏董事局、投資者，被廉署落案控以一項串謀詐騙，執筆之時仍在審理中。

集團內部其後變得組織鬆散，部分公司似乎開始和其他集團成員劃清界線，開始拆網及劃分各人勢力範圍，估計情況仍在持續中。據 David Webb 稱似乎仍有不少共犯仍未落網，似乎事情仍未落幕。

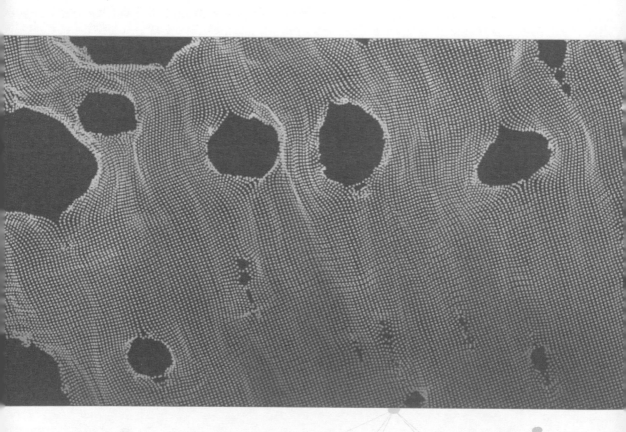

2.2
華融系
私企的「財神爺」

David Webb於2018年，公布華融系的整個網絡，即「謎網26」。報告指出，華融（2799）及民生銀行（1988）等26間中港上市的公司，存在複雜的股權及債務等交易。筆者於此章會根據公開資料，講述華融掘起的過程、倒卜的經過，亦會講述華融與部分網絡公司的具體交易，從而疏理網絡關係。

另外，此章亦會講述一些與華融系有關，而「謎網26」沒有提及的公司。

26隻不可沾手的股份
(The Huarong-CMB network: 26 stocks not to own)

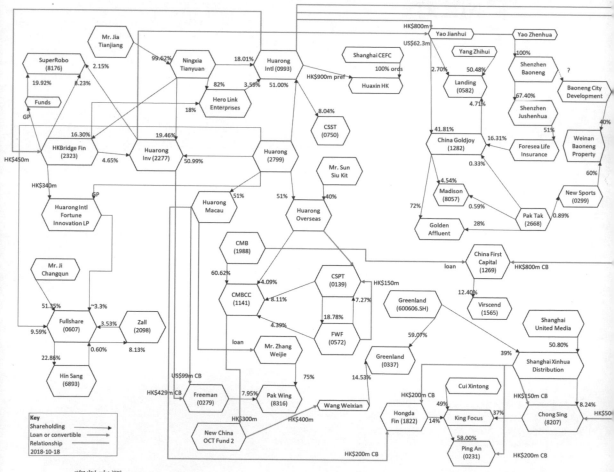

資料來源：Webb-site.com

華融系崛起

早年，中國內地銀行壞帳非常嚴重，政府為了令銀行體質改善，在1999年特成立4家資產管理公司華融、信達、東方、長城，負責對口接收、管理、處置工商銀行（1398）、建設銀行（1288）、中國銀行（3988）及農業銀行（0939）約1.4萬億內部壞帳。

「壽命」最初只有十年

當初，這四家資產管理機構的「壽命」被設計為10年時間，消化壞帳的使命完成後便會離場。但10年過去，在國有銀行準備上市、銀行放貸規模擴大情況下，不良資產不斷增長，為了美化帳目，國有銀行也希望繼續出售債權。為了迎合國有銀行的需求，資產管理公司逐步轉型商業化，繼續承購他們的債權。

由於資產處理需時，10年期限遠不足夠，最後在中央批准下，資產管理公司亦開始改組成股份有限公司，準備大幅擴張，大展拳腳，向海外擴張，然後引入外部投資者，為上市作準備。當中，華融亦在2012年經國務院批准股份化，2015年底在香港上市。

華融已從不良資產管理機構，發展為綜合金融控股集團，擁有多個金融牌照，包括：證券、期貨、金融租賃、銀行、消費金融、信託等。

掌舵人賴小民

由於華融高管對風險控制有疏忽之處，加上當中利益關係，華融亦因此成為部分人貪污的溫床，進行大量在商業上不能站得住腳的投資，這亦不得不提當時擔任掌舵人的賴小民。

賴小民是農家子弟，1962年出生，靠助學金在南昌完成四年大學，江西財經學院（現江西財經大學）畢業。畢業後，賴小民被分配到中國人民銀行，在計畫資金司中央資金處開始職業生涯。

賴小民的職業生涯時序：

2003年	・銀監會成立，賴小民負責籌備北京銀監局，並擔任北京銀監局的首任局長、黨委書記。 ・在北京銀監局任職期間，賴小民參與組建國內首家農村商業銀行—北京農行。
2005年12月	・調往中央銀監會，歷任銀監會辦公廳主任、黨委辦公室主任、首席新聞發言人等職。
2008年下半年	・接到組織安排赴華融任職。 ・據其自述，時任銀監會主席劉明康和分管副主席找他談了四次話，希望他把華融做起來，最終被說服。
2009年1月	・到華融就職，出任黨委副書記、總裁。 ・在賴的強勢領導下，加上委任一批「80後」梯隊後，華融得以迅速發展。
2012年9月	・工商銀行黨委書記姜建清不再兼任華融黨委書記，華融也不再與工行共用同一套黨委班子。 ・賴小民出任華融黨委書記、董事長，華融開始快速轉向。 ・利用於重組業務，獲得金融全牌照優勢，以及大型央企地位，華融將目標對準了股權、債權投資。

系內的資金來源

據《財新週刊》的資料，華融資金來源則分兩塊，來自境內及境外。

境內：主要是通過設立大量的有限合夥企業，對接銀行資產管理計劃。在金融嚴密監管前，有限合夥企業可通過搭建結構化產品，層層嵌套，給工商企業提供融資。有限合夥以私募基金形式，參與企業股權投資、類信貸業務，大量資金流入了房地產行業和股票市場，包括參與房地產企業槓桿方式拿地、開發建設、買殼賣殼等交易。

境外：主要是利用金融央企的名氣和信用，大發美元債和歐元債，及向其他境外商業銀行取得貸款。與此同時，華融亦開始扶植天元錳業，借出數百億元貸款，協助其成立天元金融，成為其私人的「小金庫」，於香港參與買賣殼及炒賣垃圾股的交易。

在某些私企老闆圈內，賴小民被稱為香港「財神爺」，因為那些私企老闆，礙於自身抵押物的問題，很難從合規嚴格的外資銀行獲得融資。賴小民所在的「中字頭」金融機構，不但批核寬鬆，而且發放貸款進度快。賴小民早年曾頻繁出沒香港，與一些在港的內地私企老闆們關係甚密，出於私交緣故，賴小民更曾擅自為某地產老闆提供大額貸款，即使對方所提供的抵押物，完全未達到華融國際的內部要求。

網絡的擴張

從港交所上市公司披露及多項文件看,華融網絡實際上非常複雜,
相關股份近100隻。

據公開資料顯示,華融(2799)先後花費至少近百億元入股以下股份:

科通芯城(0400)	錦州銀行(0416)	中國華星(0485)
鼎億集團(0508)	熊貓綠能(0686)	英皇證券(0717)
亞太絲路投資(0767)	華訊(0833)	千百度(1028)
中能國際(1096)	珠光控股(1176)	陽光100(2608)
正榮地產(6158)	福萊特玻璃(6865)	

以下,筆者將會道出曾跟華融有交易的公司。

與紀曉波、仰智慧的關係

在2011年，紀曉波輾轉在購入40%佳元投資有限公司（Super Century Investments Limited）的股權，佳元是天行國際（0993，現稱華融金控）大股東，並擔任行政總裁。在2013年2月退任，根據權益披露，紀曉波於2014年7月把持有的天行國際股權降至零。

早於2010年，紀曉波已經把LED業務賣給嘉輝化工（藍鼎國際前身），當時作價4億元，以3.35億現金及6,500萬可換股債券支付，且在2012年5月已全額贖回，紀曉波亦退出公司。在紀曉波出售約一年，嘉輝化工控股股東宏漢向藍鼎國際（由仰智慧全資持有）出售股權，而天行國際控股權亦售予華融。紀曉波現持有博華太平洋（1076）股權。

仰智慧除持有藍鼎（0582）股權外，亦持有華夏健康產業（1143，前中慧國際）股權。近期中國金洋（1282）購入藍鼎股權，前者則同時收購新體育（0299）控股股權，亦持有麥迪森酒業（8057）股權。

另外藍鼎（0582）曾持有保集健康（1246，前毅信控股）股權，後已出售，但保集健康仍持有華夏健康產業股權。華夏健康產業亦有操隆兵和何笑明之身影，兩者亦見於 Teamway International（1239，前稱金寶寶）及煜榮集團（1536）。

與民銀、明天系合作

民生銀行（1988）持有民銀資本（1141）外，民生銀行股東亦持有一系列的股份，例如：劉永好的南方希望、東方集團、復星集團（0656）持有民商創科（1632，前稱膳源控股）、劉永好家族亦持有希望教育（1765）、東方集團則持有聯合能源集團（0467）。在華融金控（0993，前天行國際）易手前後，部分民銀股東的身影也有出現。

2014年，民生銀行的王培海曾利用華能投資名義購入2.7億股，據稱王培海為巨人集團史玉柱的代名人。

民生銀行部分股東，同時亦有組成中國民生投資股份有限公司，控有以下股份：

民生金融（0245）	中民築友智造科技（0726）	上置集團（1207）
億達中國（3639）	中國網路資本（0383）	新宇環保（0436）
啟迪國際（0872）	中國智慧能源（1004）	中原銀行（1216）
魯証期貨（1461）	開易控股（2011）	青島銀行（3866）
華星控股（8237）		

後來，華融亦通過收購舊股及認購新股的方式，購下了震昇工程（2277），並易名華融投資。據稱，華融投資是由明天系掌舵人肖建華手上收購而來，而肖建華於內地擁有強大隱秘網絡及大量金融公司。華融與明天系早於2014年已交手，兩系通過成立私募基金保華

嘉泰，取得江山控股（0295）控制權，發展中國內地光伏電廠業務。

扶植港橋金融

另外，天元錳業早年獲華融支持下迅速壯大，發展成為全世界最大電解錳生產基地。

· 2015年，其經營生產及銷售硫酸的業務及發電廠項目，被注入百靈達國際（2326）。2016年華融更入股該公司，後易名新源萬恒。

· 同年，天元錳業購入 City e-solution（0557），轉營醫療，並易名天元醫療，同時入股至卓國際（2323），後易名港橋金融。

· 2017年5月，天元錳業又收購康大食品（0834）控股權。

· 2016年12月及2017年12月，天元錳業通過自身及港橋金融名義，分別入股華融國際（0993）及華融投資（2277）。

與不同集團的操作

港橋金融除了和華融合組「一帶一路」基金外，亦曾希望協助重組A
股上市公司中弘控股（深圳：000979），但失敗，中弘控股因連續
20日未達人民幣1元面值而遭除牌，現時控制兩間香港上市公司中
璽國際（264，前卓高集團）及開易控股（2011）。

同時，中國粵首環保（1191，現稱中國中石金融）最初曾獲華融認購
擴大後股本51%新股，但最後無疾而終。最後由港橋金融接手，股
權類似港橋金融，業務也和華融國際、華融投資及港橋金融相似。

或許當初定位是用於培植另一隻港橋金融，華融國際也貸款給中國中石金融，所得的資金主要認購多隻基金，其中一隻投資基金 Forward Fund SPC - Double Management Fund SP 投資的中海重工（0651），亦放貸予多家公司，其中一家是由新加坡上市公司德寶房地產開發有限公司擔保，另外一單則貸款予中國萬泰集團的控股股東錢永偉及許哲誠，前者為北方礦業（0433）的主要股東。

華融國際及華融投資通過貸款、
認購可換股債券及成立基金為多個財團提供資金：

高銀金融（0530）	光匯石油（0933）	華信金融投資（1520）
大生農業金融（1103）	鼎豐集團（6878）	星美控股（0198）及旗下星美文化（2366）
禹州地產（1628）	中軟國際（0354）	貝森金融（888）
香港航空（海航系）	廣匯汽車（A股，600297）	

其中，華融國際曾向以下公司投資：

先機企業（0176）	凱華集團（0275）	科通芯城（0400）
嘉年華國際（0996，由資本高手景伯孚控有）	珠光控股（1176）	

「謎網26」漏網之魚

網絡：Webb 提供的華融網絡，即「謎網26」中，提到豐盛控股（0607）、卓爾控股（2098）及衍生集團（6893）。實際上，依筆者觀察，豐盛控股曾持有以下股份：中國賽特（153）、中國高速傳動（658）、建發國際（1908）、南京中生（3332）及密迪斯肌（8307）。

交易伙伴：「謎網26」中的平安證券（0231），公司持股之 King Focus 除由張振新控股之中新控股（8207）及弘達金融控股（1822）外，尚有廣澤國際（0989）大股東崔新瞳。而根據 Bontias 早前發表的中新沽空報告，在中新其中一宗交易出售上，賣方涉及一家準備上市公司名仕達控股。

華融系持股：持股方面，筆者認為 Webb 亦有所遺漏，包括興業太陽能（0750）旗下的興業新材料（8073），以及首控集團（1269）除持有成實外教育（1565）外，亦持有剛分拆並由其管理基金持有的博駿教育（1758）。

華融網絡的倒下

2018年4月17日，中央紀委國家監委宣布，賴小民涉嫌嚴重違紀違法，正接受紀律審查和監察調查，並被解除華融董事長一職。據中紀委網頁稱，賴小民「擅權妄為、腐化墮落、道德敗壞、生活奢靡」，公布當日華融股價急跌近一成。

據稱，他涉嫌受賄16.5億元人民幣，並擁有34套房產，更在幾個住所當中，搜出總值約2.7億人民幣的各種外幣現金，將所有現金集合，容量超過3個立方米，重量達到3噸。同年10月15日，賴小民被中央紀委國家開除黨籍和公職，收繳其違紀違法所得；他涉嫌犯罪問題移送檢察機關依法審查起訴，所涉財物隨案移送。

涉事人被捕 資產凍結

2018年8月，仰智慧於柬埔寨金邊被拘捕，曾一度失聯，據稱是交代賴小民一案問題貪污有關。9月，證監會凍結金利豐證券、中南金

融、及滙豐金融證券（亞洲）個別客戶資產，涉約101.68億元。

上述多個帳戶的受益人，涉嫌在兩項可疑貸款融通交易中，串謀上市公司或其附屬公司的某些管理層人員，策劃欺詐性計劃，該等可疑交易可能已蒙受合共大約101.7億元的損失，出現了資產會被該人耗散的風險。文件又稱，該等人於3間證券行所持有證券與現金，估計合共為46.4億元。

證監會認為有需要阻止該人操作及處理這些帳戶，及保存帳戶內 的資產以待進一步調查，包括資金追查。

證監會提到，涉事人為某上市公司的主席，而該公司據稱與該人失去聯絡，一些新聞報道指，該人似乎身處海外，甚至有指該人正身處中國，就一宗涉嫌貪污案件接受調查，據公開資料稱，上述資料與仰智慧吻合，但在2018年11月底，仰智慧卻復聯，並重新擔任主席。

賴小民一案曝光，華融亦開始收縮旗下業務，積極清理過去賴小民在任之不當融資。2018年下半年股票市場不振，股票及債券價格下跌，導融華融系在香港三家上市公司均發出2018年盈警，華融投資及華融金控均呈虧損。至於和其相關的上市公司，如海航、華信集團、景伯孚、民生投資系，亦已陷入財務困難，旗下部分股票亦曾被斬倉或被停牌，甚至需賣殼求生。

2.3
民銀系
錯綜複雜的控股關係

除了上一節描述的華融系,「謎網26」亦有另一個派系的存在,亦即民銀系。

建立灘頭

民生銀行(上交所:600016 ,港交所:1988)是一堆民營資本商人牽頭創立,於1996年在北京成立,為中國首家由非政府資本成立的銀行,2000年及2009年分別在上海及香港上市。20多年發展,民生銀行現時資產總額逾6萬億人民幣、淨資產逾4300億人民幣、分支機構近2,800家、員工超過58,000人。

民生銀行在國際上亦有不錯的評價。根據英國《銀行家》雜誌2018

年發布的全球1,000家大銀行排名中，該行位居第30位；在美國《財富》雜誌2018年發布的世界500強企業排名中，位居第251位。

於香港急速建據點

2012年，民生銀行開始於香港建立據點，成立香港分行，是第一家境外分行。

2013年，從事證券的民銀融資，以及從事融資業務的民銀融資財務成立，亦成功在香港建立據點。

2014年底至2015年間，具有神祕背景的安邦保險快速吸收巨額保費，大舉擴張，其中大手購入民生銀行股權，成為該公司大股東。民生銀行從此於香港開始有跨越式的發展，並開始涉足資本市場。

民生銀行進入香港資本市場的第一步，正是收購從事證券業的天順證券（1141，現稱民銀資本）。

天順證券早年是從事玩具業的雄豐集團，後因大股東財困，雄豐集團亦很快陷入虧損，並出現財務困難，其後獲白武士拯救，易名新創企業。除原有的玩具業，亦進軍經濟酒店業，但不久即告吹。

2008年，新創企業再次易手至財技高手孫粗洪，易名保興發展，並轉營藥業及重工業，不久亦遭告吹。

2010年，保興發展再收購經營中藥藥業北京御生堂國藥控股，易名北京御生堂，但是經營情況仍然不佳，兩年後遭出售，並再次易名為保興資本，主力經營放貸、融資及證券及物業投資業務，更和北角某財技集團合作，聲勢頗佳。

2015年，保興資本以12億元收購天順證券，正式取得證券業牌照經營，保興資本亦同時更名為天順證券。直至2017年，民生銀行及華融以購入天順證券舊股、認購新股方式，取得天順證券控制權，並注入民銀融資及民銀融資財務，更名為民銀資本。

天順證券的交易

早於2013年，天順證券在賣盤並易名前，已與中達集團控股（0139）及未來世界金融（0572），出現三方交易：

- **天順證券向572股東貸款：** 2013年8月，根據中央結算系統，未來世界金融（當時稱為中國包裝）佔已發行股本51%的股票存入民銀證券。而根據當時中國包裝2014年7月的一份通告，公司的控股股東得勝亞洲收到天順證券的禁制令，通告指出得勝於中國包裝的股權，為抵押予天順作為貸款之抵押品。根據2014年9月中國包裝的一份通告，天順證券最後透過市場銷售正式出售所有得勝亞洲的抵押股份。

- **572買入139股權**：中國包裝及後改名為中國富佑，2015年6月，開始收購中國金海（0139，現為中達集團控股）的股權。

2015年，保興資本以12億元收購天順證券，並更名為天順證券（即民銀資本前身）。

- **1141買入572林肯道物業**：2016年3月，天順證券從賣方未來世界金融（當時稱為中達金融）手上，收購九龍塘林肯道2號物業，700萬現金、13億代價新股及2,900萬承兌票據，作為交易代價。

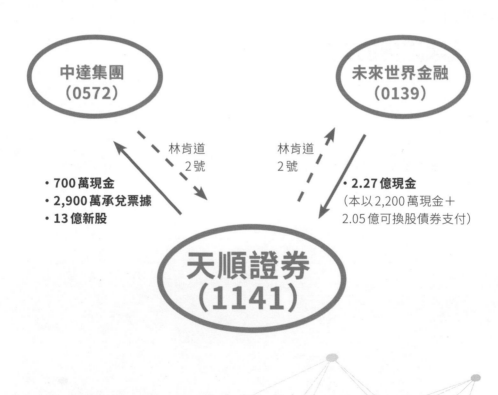

- **1141向139出售林肯道物業：** 2016 年11月，天順證券向買方中國軟實力（0139，現為中達集團控股）出售九龍塘林肯道2號物業，代價為2.27億元，最初以2,200萬現金及2.05億可換股債券支付代價。最後或因受到監管機構壓力，在2017年3月改為全數現金支付。

- **實物分派：** 2017年3月，由於天順證券賣盤予民銀資本，並實物分派，民銀資本不再以公司名義持有中達集團控股及未來世界金融的股份。

但是中達集團控股及未來世界金融交易其後仍持續，關係非常密切，如下所稱：

2014年，未來世界金融（當時稱中國富佑）成立即達集團，持有100%股權。但在2015年5月出售66%予獨立第三方，持股降至34%。

2017年4月，中達控股（當時稱為中國軟實力）向未披露人士以700萬購入即達集團34%股權，（買家極可能是未來世界金融，因根據該公司2016年年報，截至該年12月31日止，未來世界金融仍擁有即達集團的34%股權。）即達集團持有中達證券及中達期貨。同日，公司配售股份及可換股債券，配售代理為中達證券。

2017年7月，中達控股及未來世界金融進行4.7億股股份互換。

2017年9月，中達控股（當時稱為中國軟實力）收資持有，同時購入由未來世界金融持有中達證券相關債權，以8.33億股份支付，未來世界金融成為中達控股主要股東，持有逾11%股權。

2017年12月，中達控股再向未來世界金融以2.6億出售剛於3個月前以1.5億收購的林肯道1號物業，作價在短短3個月間急增1.1億，未來世界金融以新股支付，至此中達控股已增持未來世界金融至18%，成為該公司大股東。

另一方面，中達控股與民銀關係似乎仍未結束，在民生銀行收購完成後，2018年間中達不時增持民銀資本股權，2018年底持股超過8%，成為其第二大股東，亦佔中達淨資產逾60%，反應其關係仍屬密切。

由於民銀資本市值逾100億元，但其2018年底資產淨值僅約18.76億元，市帳率近6倍，故David Webb稱他為泡沫，建議投資者不要沾手，至於中達控股以該泡沫價增持，亦不符合股東利益。

激進放貸

2018年2月，安邦保險因董事長、總經理涉嫌經濟犯罪，被依法提起公訴，同時亦被中國保監會接管，民生銀行發展開始露出裂痕。同年4月，和其關係密切的華融前董事長賴小民亦因貪汙罪遭免職，但民銀系當時亦仍然持續激進的放貸。

據統計，以下各種貸款，金額均估計超過30億，超過其在2018年底資產淨值18.76億元，如其中有任何違約，將對其財務情況有極大影響。

(1) 2018年3月，以3億認購一家獨立投資組合公司股份，及提供4億貸款予獨立投資組合公司，合計7億元。根據股權披露資料推測，該獨立投資基金亦有另一位投資者華僑城控股（3366），主要是以綠地香港（337）主要股東王偉賢個人擔保並以手上綠地香港股份抵押，部分金額亦用於贖回部分由華融投資（2277）提供之貸款。不過，以上投資組合公司股份及相關貸款已於2019年3月贖回。

(2) 2018年5月及6月，分3次提供1億美元及4.3億元貸款予新華聯國際投資有限公司(Macrolink International Holdings Ltd)，由控權人傅軍作擔保。現時其持有東岳（0189）、及新絲路文旅（0472）股權。

(3) 2018年6月，提供4.2億貸款予彤叔御用炒房之稱的鼎珮（VMS）旗下VMS CSW 1 Land Holdings Ltd。

(4) 2018年11月提供1.5億予新高教集團，並以控股股東李孝軒所持股份作質押，但已於2019年5月償還其中1.5億，並解除股份質押。

引起監管機構懷疑

2019年4月，金管局與證監會發出聯合通函，指最近展開聯合調查，發現有內地銀行透過在港所屬銀行和子公司進行一連串「引起嚴重關注的複雜交易」，表面上是為子公司投資私募基金的貸款，實質上變成向香港上市公司提供高風險抵押貸款。

通函指出，證監會在2018年8月已曾對於以投資作掩飾，實際上是提供保證金融資的安排表示關注，證監會認為，該內銀集團的有關安排，表面上雖然是向私募基金提供投資資金，但實質上是一項由該銀行作支援的保證金融資貸款。此外，金管局與證監會的現場檢查亦發現，該內銀的貸款審批及貸後監控手法未盡完善；另一方面，該內銀透過旗下持有放債人牌照的財務公司，向其他上市公司提供抵押貸款，某些借款人所質押的上市公司股份佔比高達70%，而且都屬於欠缺流通兼質素成疑的股份。

證監未有披露調查目標身分，惟David Webb認為，從種種描述推測，受查內銀極可能是他去年撰文提及的民生銀行，聲明提及由內銀控制的財務公司，是附屬於民行旗下民銀資本全資附屬公司民銀資本財務。但筆者認為，雖然證監會已有調查發現，但現時金管局調查估計仍在進行，事情仍在發酵中，未來仍會有進一步消息，似乎事況不會這麼簡單。

中國金主成財技界新主流

總結而言，筆者認為在「康健系」倒下後，因為近年本土財技派被發現從事損害股東價值行為，已遭證監會大力打壓，似乎本地金主驅動型未來也不會成氣候，反而「華融系」及「民銀系」這種中國金主驅動型方式崛起的財技集團因為已吸納中港的財技人才，加上其所投資的公司或許並非完全是虛假項目或虛假業務。這些新形成的集團或是因為過分擴張需要資金，做出一些越界之事。故是「百足之蟲死而不僵」，未來更會由中國金主驅動型取代這批本地金主驅動型的方式，炒作方式會較佳。至於本土財技派主腦可能慢慢在背後退居顧問角色，協助中國金主驅動型崛起，把財技的薪火延存下一代。

Chapter 3
避開
中伏細價股

3.1　避開有陷阱的細價股

3.2　「養殼」—維持基本經營待賣殼

3.3　利用放貸 暗中易手

3.4　讀新例 防中伏

3.5　「借殼」未必是不公平

3.6　證監會的尚方寶劍

3.7　八個財技實例

99

3.1
避開有陷阱的細價股

筆者自大學重新炒股票起,一直留意不同股份,思考如何避開陷阱。

細價股形象低落的原因

回顧金融風暴後,部分不務正業、擴張過度、毛利率較低及應收款較高之工業股,因客戶破產關係而陷入財困,部分財技人士將之重組,這堆財技人士或多或少有澳門背景,因業務不濟需要資金、協助大金主資金調動等,故不斷進行向下炒操作,不少細價股利用小股民「賺快錢」心理,以種種概念搶走散戶財富。因為需要多作宣傳以吸引股民購買,當時不少報紙股評家亦多番提及此類股票,導致此等股票當時極被高估,後來市場崩潰,股民亦對細價股失去信心。

雖然「仙股風暴」後,部分小型股成功崛起,但因為實質情況無改善,只曇花一現,在2007年礦股熱潮中,證監會及港交所不作為動,暴升暴跌令細價股形象更低落;金融海嘯後,在部分股評人鼓

吹「垃圾股致富」論後，市場人士更淪落至炒作不務正業垃圾股，
這些股份基本因素差劣，很多股份輸大錢，投資者不能分辨股票質
素而不再投資，企業家亦無法正當集資發展，股市創富能力大大削
弱，導致細價股市場一潭死水。

拖累優勢小型公司的融資

同時，部分從事正當業務、財務穩健、低調之小型股備受冷落，估
值極低。在這段時間，因為人民幣貶值，加上大多同業均因財務不
穩而倒閉，當時國內同業又尚未有能力與之競爭，故有質素的小型
股業務逐步擴張，業績慢慢提升。可是，這些公司當時受累於害群
之馬，難以在股市進行再融資並向上游轉型，亦難以併購同業整合
市場，無法提高市場估值，最終被邊緣化。 但這些公司並不是沒有
投資價值，其回報可能遠高於大市值股份，我會於第四章詳述選股
方法，我們先要討論如何避開純炒作的股份。

筆者認為，真正因業務虧損的實業股與純粹炒作的分別，主要在於
實業股不會作以下動作：

(1) 賤價濫發股份

(2) 旗下持有證券行、財務公司

(3) 持有毫無基本因素細價股

(4) 大股東股權放於特定證券行

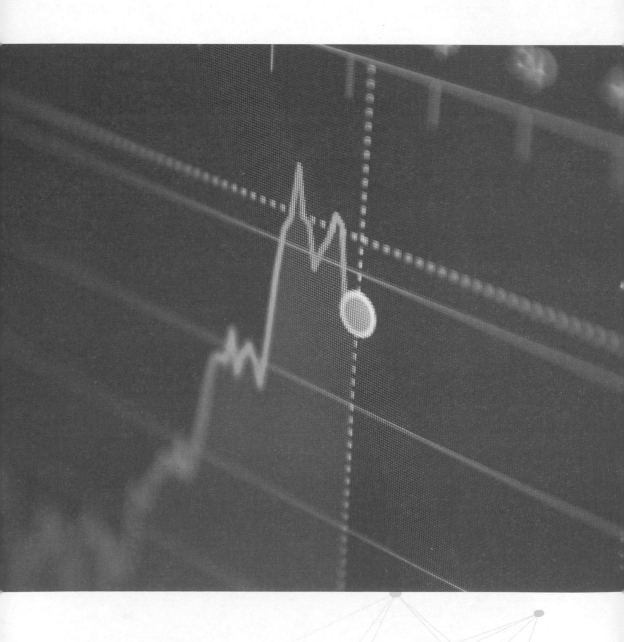

不良細價股的特徵

經多年整理後,以下是一些有問題細價股的常見特徵,可從以下幾
個方向留意:

上市公司背景:

- 部分來自東北、福建、山東或宜興的公司

- 部分曾於新加坡公司上市的公司

- 曾因不明原因持續折讓供股及配股,嚴重攤薄股東股權

- 股權分散

- 由其他往績不良公司持有,但中央結算紀錄非常集中,由一家或有
  多家上市公司持倉

- 被爆財困後,短期內進行一些令人費解的投資,把現金耗盡,然後
  短時期內撤帳

- 董事有曾任不良股份董事或高管的紀錄

- 曾與其他不良公司交易

大股東或策略投資者：

· 大股東在上市前已出現財政困難

· 上市後不久，大股東把持股轉倉至證券行

· 大股東持續以不明原因減持股份

· 大股東有好賭的性格

· 大股東副業不少，且投資額非常大

· 大股東與其他不良上市公司大股東相熟

· 策略投資者有曾任不良股份董事或高管的紀錄

帳目及其他問題：

· 坐擁大量現金，利息收入低於活期利息

· 保留大量現金原因多數稱用於收購，但實際上多年都沒有進行

· 盈利持續上升，但現金股息不太穩定，甚至難以持續

· 固定資產增長遠遠高於營業額增長，但仍然繼續不停投資

· 利潤率極高，但應收款高得不合常理

· 熱衷於買賣不良股份，甚至長期持有

3.2
「養殼」—
維持基本經營待賣殼

在討論如何打擊借殼行為前,不如先討論何為「養殼」。「養殼」顧名思義,即只是以基本運作維持上市公司經營,留待日後善價而沽,管理層並沒有做好生意的意慾。

根據港交所曾對「養殼」,曾發出有關上市發行人是否適合繼續上市的指引,並作出以下的定義:

> 「建立或收購與其原有業務無關連的新業務:這些新業務所屬行業的入行門檻可能非常低,及╱或業務可輕易建立並且無需作巨額支出即可停止營運,又或為「輕資產」的行業或其資產具高流動性或適銷性。」

筆者想就港交所指的「新業務」作進一步的描述，以筆者觀察，

用作「養殼」的業務有以下特徵：

· 客戶高度集中的純貿易業務；

· 絕大部分資產為流動資產的「輕資產」業務；

· 與母公司的業務劃分過於表面；

· 這些新業務沒有實質生意及沒有長遠持續性；

· 其營運難以創造盈利

· 沒有達行業標準的妥善基建、流程及監控；

· 業務非由具有相關行業專業知識的人員管理；

· 營運規模及業務層次不足夠支持上市相關費用。

「養殼」股份的市值可能與其業務規模及前景不成比例，可能是「高度投機性公司，容易吸引炒賣及市場操縱行為」。

為了打擊「養殼」，《上市規則》內有反收購規則：上市公司轉移控股權24個月內，不能立即進行非常重大收購的「反收購」。（根據最新的諮詢，時期或會被修訂為36個月。另外現時的「反收購規則」已加入原則為本測試，或修訂為一連串非關本業的須予披露交易，各項交易可合併計算，最新諮詢亦建議將以上條文收納成規。

「現金公司」一般是在「養殼」

一般而言，在《上市規則》下，上市公司會否被除牌，取決於其是否破產清盤公司及「現金公司」，而過往「現金公司」條文有一定漏洞。「現金公司」大概是指，上市公司所持有的資產大部分為「短期證券」及現金。

我們不妨留意現行上市規則的規定：

《主板上市規則》第14.82條及《創業板上市規則》第19.82條

不論何種原因（包括因為完成一項須予公布的交易或關連交易後出現的即時結果），如上市發行人全部或大部分的資產為現金或短期證券，則該上市發行人不會被視為適合上市，而本交易所會將其停牌。「短期證券」指年期少於一年的證券，如債券或多種長短期票據。

註：《上市規則》第二十一章所界定的「投資公司」及主要或僅從事證券經紀業務的上市發行人將不受此規定

2015年12月，港交所對此例作出補充，「《上市規則》第 14.82 條中表述的「全部或大部分」（wholly or substantially）是理解為「主要」或「構成較大部分」（in the main or as of the greater part）的意思。如集資活動完成後發行人的資產少於一半（50%）為現金，一般不會被視為該條所指的全部或大部分資產為現金。」

不良公司可以鑽的漏洞

綜合以上條文而言，在舊條例之下，一家上市公司只要：

(1) 是第二十一章所界定的「投資公司」；

(2) 經營證券業務，不論規模多少；

(3) 資產少於50%為現金或少於一年短期債券，這裡指的資產並不包括上市公司證券，極端而言，不良公司的全部資產即使是一隻沒有業務的股份，也可免於除牌。

公司只要有上述3個條件，就可以大條道理安心「養殼」，其他業務亦可隨意維持，但一般而言，財技高手不會只持有股票，亦會嘗試經營「其他業務」，如貿易、餐廳、科技、醫療、娛樂等，但更常見是經營「貸款公司」。換言之，現時的條例，其實未必能全面防止「養殼」。

3.3
利用放貸 暗中易手

「借殼」，顧明思義就是利用其他業務注入上市公司，使自己成為大股東。部分財技高手想以小博大，但本錢不足，於是就想到利用旗下上市公司經營的證券行、財務公司，進行另一種形式的「借殼」。

放債人牌照容易申請

說起財務公司，現時金融管理局「三級銀行發牌制度」，最低級的「認可機構」為接受存款公司(deposit-taking company)，性質已類近財務公司，但是由於金融管理局規管較嚴，也需遵守大量規則，包括需公布各項經營資料，以及相關的半年及全年報表，所以通過此方式經營「認可機構」的財務公司實在不多。

一般而言，上市公司經營的財務公司均為「非認可機構」，只是受制於《放債人條例》。根據《放債人條例》，申請財務公司 1 年期的牌照，只需向法庭及警務處作出牌照申請，費用只需萬餘元，警員視

察現場環境後就發批准，過程只需3至4個月。雖然開業程序繁複，但門檻實在不高，加上市面有中介替客戶作此等申請，費用只約數十萬元，因此這類公司成行成市。

借貸取得控股權

部分上市公司會選擇經營財務公司，原因是財技人士「水頭」其實不甚充足，此財技的本質為以最少的資金控制最多的資產。

《收購、合併及股份購回守則》規則26：

「就一筆貸款的抵押品的強制執行、接管人等，凡在正常商業關係下並在銀行或貸款機構的日常業務過程中，把在某間公司的持股量抵押予該銀行或貸款機構作為貸款的抵押品，及因就該項抵押品作出的強制執行後，貸款人將會產生本規則26規定作出全面要約的責任，則只要該項抵押品並不是…很有可能會出現強制執行的時候所給予的，執行人員通常將寬免該項規定。」

按照以上規定，財務公司只是用於避免收購上市公司控股地位帶來的全購規定，此舉可降低收購上市公司的時間及利息成本。在實戰上，財技高手可以收購現成財務公司，通過借貸以認購新股、可換股債券向公司注入資金，並取得控股權。

他們也可以通過旗下財務公司，接受其他上市公司的控股權抵押，實現變相「借殼」。根據港交所一封於2013年的指引信，港交所曾向一家貸款上市公司豁免不用披露貸方名稱，以免對其業務營運造成不必要的負面影響。換言之，以財務公司作控股權抵押式「借殼」，就連名稱都不用披露。

雖然港交所本意良好，但此例一開，卻為財技高手大開方便之門，利用財務公司特殊規定，施展「買殼」財技，使他們可以暗中入主多家公司亦不為市場所知。

利用財務公司 建立殼股王國

以財務公司抵押方式「買殼」，除了可將現金借出，避免現金公司規定，也可以通過放貸，變現手上剛接收回來的垃圾股，降低收購成本，從而使財技高手利用一筆資金，就可以構築一個以少量資金撬動的資本王國。

操作實例如下:

(1) 甲先生以低價買入一家證券行A，之後問相熟朋友借錢，購入一間垃圾上市公司One Limited，進入董事會，並炒起股價。

(2) One Limited發行票據，由證券行A配售。買方是甲先生朋友，他們只尋求穩定回報，且港交所對票據發售數量並無限制，只需作簡略披露即可，這就成為他們的印鈔機。

(3) One Limited開設財務公司、同時以低價購入證券行A，證券行A
接受上市公司Two Limited的控股權抵押，委任甲先生的人馬進
入董事會。

(4) Two Limited發行新債券，由證券行A配售，其後買入證券行B，
然後甲先生利用One Limitcd股權向證券行B抵押，取得資金還
給朋友，手上的少量資金購入上市公司Three Limited發行的可
換股債券，再收購證券行C，之後不斷反覆重覆以上過程。

(5) One Limited和Two Limited供股集資，由Three Limited控制
的證券行C包銷大部分股票。One Limited和Two Limited取得
資金後，又開始貸款給旗下人頭，並購入剛上市的GEM Four
Limited，大手把流通盤買光，在幾個月後接洽Four Limited控
股股東，Four Limited控股股東把股權抵押予系內證券行，以取
得融資變相賣盤。把Four Limited股權全面控制後，開始炒起股
權，最後成為百億元計的上市公司。

雖然表面上他們並沒有取得控股權，但是通過利用系統內公司及人
物分散持有股權，已達到控股的效果，且不需對外全面收購股權，
但當中已有不少行徑損害上市公司股東的權益，其行為應予以譴責。

3.4
讀新例 防中伏

一般而言，當上市公司進行大量以下活動，目的在養殼之餘，也希望轉走少數股東權益，包括：(1)高價購買垃圾資產；(2)合股、折價配股、大折價大比例供股或發行可換股債券；(3)從事證券投資；(4)設立證券行及(5)成立貸款公司等。最近幾年，監管機構致力通過多種方式，逐步收窄作風不良股份的生存空間，目的在於減少上述行為，並減少不良公司魚肉股東的機會，方式如下所述：

遏止高價購買垃圾資產

2017年5月，證監會關注到部分上市公司，以不合理的高價收購資產，或以大幅低估的價值出售資產。股東權益可能因劣質交易而受到損害，故發出有關企業交易及估值運用的指引，提醒董事身為上市公司資產的監護人，應確保妥善考慮及查證收購目標的狀況。

證監會亦向有關董事發出責任的指引及一份致財務顧問的通函，連

同一份有關估值師須就披露虛假或具誤導性的資料承擔法律責任的聲明，列明以上人士的職責及所需承擔法律責任方式所在。

估值師：如明知或理應知道有關估值或任何假設是不合理及不中肯的、估值中犯了明顯錯誤、沒有以合理稱職的專業人員的技能及謹慎態度行事，失去獨立性或公正性，導致估價屬虛假或誤導性，證監會會保留追究權利。

財務顧問：不應該純粹依賴由董事、其代表或其他第三方作出的陳述。財務顧問應對估值的預測、假設、保留意見及方法，以及董事就是否委任專業估值師的決定，自行作出評估，並進行適當的合理性審查。

在若干情況下，盡可能運用多種估值方法得出最後的估值結果。如財務預測似乎過分樂觀的話，財務顧問便應將此情況告知董事，讓他們考慮及採取適當的行動，並在決定是否委任估值師時，留意各方是否具有足夠知識妥善評估該投資項目，留意資料是否合理，如估值方法、財務預測、假設及保留意見當中看來不合理，應作出適當查詢及作出合理的解釋。

如仍未信納估值方法為合理，以及估值是經由董事作出適當及審慎查詢後而得出，他們應盡一切合理努力，確保董事了解相關的監管規定及其影響並提供意見，如仍未能解決，財務顧問亦可能需考慮是否要向有關董事請辭。

董事：有責任判斷交易的條款，包括將予支付的代價是否公平及合

理。在此過程中，董事務必確保對有關資產進行妥善調查及盡職審查，並評估實際價值，同時考慮建議的交易或安排是否符合公司以及其股東的整體利益，以及在與其他投資方案比較之下，應否付諸實行。

另外，董事在考慮進行收購時，應進行獨立且充分的調查及盡職審查，亦可聘請外部顧問，同時可向賣方及任何其他人士索取進一步資料，如果有一些特徵如往績紀錄有限、業務屬新設，經營不穩定、虧蝕狀況或所產生的利潤非常微薄、資產淨值微不足道或錄得負數，且股權在收購前一段短時間有低價轉移的跡象，或採用了大膽假設進行估值，即需多加留意。並需對估值師及估值報告進行嚴謹的研究，而非只依賴為管理層擬備或由管理層擬備的摘要，同時需預料所涉及的風險、被收購的資產的規模或重要性、交易性質及任何其他需以批判態度詳細檢視的事宜，再釐定董事參與交易的程度。

如在沒有作出獨立判斷且如此行事並不合理的情況下，不加質疑地依賴估值報告接納任何所得到的財務預測、假設或業務計劃，將可能違反其對公司負有的以謹慎、技能及勤勉行事的責任，證監會或會進行法律行動。

據筆者所得知,自以上聲明發出以後,初期仍有大量不具價值的收購仍在進行,但在證監會及港交所進行大量調查後,不少過分高估價值的交易胎死腹中、收購告終或是進行平手出售,有問題交易大幅減少,市場人士亦了解到過往方式不能持續,於是進行收購時已更加謹慎,這類交易成功被抑制。

規管集資活動

《上市發行人集資活動》於2018年有以下總結：

- 禁止高度攤薄的集資行動，即是12個月內滾動計算下，所有會令累計價值攤薄效應達 25%或以上的供股、公開招股及特定授權配售。

- 計算方式：累計價值攤薄＝股價折讓 X 攤薄比例

- 要求上市公司加強集資用途的披露。

- 公開發行(open offer)方式的供股方式須取得少數股東批准。

- 廢除供股及公開招股必須作出包銷安排的規定，以減少攤薄情況出現，因此，港交所亦要求供股需強制列出補償安排，以處理在供股或公開發售中未被認購的股份。

- 包銷商必需是為《證券及期貨條例》下的持牌人士、獨立於發行人及其關連人士，如大股東進行包銷，投票關連交易豁免亦遭刪除，需另外進行投票，同時大股東亦需要進行補償安排。

- 如果大股東作出額外申請，則不可進行超出發行規模的申請，超出發行規模不會受理，以減少大股東進行大比例、大折讓供股的誘因。

在發行權證及可換股債券方面，前者已遭廢止，後者的初步換股價
不得低於配售時股份市價，以提高內部人士轉讓股權的成本，從而
減少相關攤薄。

規管證券投資業務

港交所留意到，部分上市公司所持有的股份之流動性高，投資組合
範圍大多有限，並非由具相關經驗的人士管理，業務營運亦未有任
何系統及內控措施，以規管與證券投資業務相關的風險及其他相關
事宜，部分人士認為這並非具有實質的業務，只是為維持上市地位
而作的安排，因為一旦有投資者取得發行人的控制權，這些投資可
容易變現。在筆者角度而言，有一段時侯，以上情況如傳染病一般
難以控制，估計最高峰時，市場約有10%至20%的上市公司進行以
上運作。

2018年，港交所推出《有關借殼上市、持續上市準則及其他《上市
規則》條文修訂》諮詢文件，以補充上市條例13.24條的「須有足夠
的業務運作或擁有相當價值的有形資產及／或無形資產」：

· 上市公司必須證明有足夠的業務運作，並且擁有相當價值的資產支
  持其營運，而其證券交易及／或投資不包括在內。

• 同時再修訂現金公司的指引，擴大視為現金種類，由現金及少於一年的證券，如債券或多種長短期票據，擴大至擬持有少於 1 年的債券或各種長短期票據、上市公司證券，以及可隨時變現或轉為現金的投資等，減少上市公司利用持有股份以規避除牌的機會。

而且，針對股票交易為日常業務的公司，其披露的豁免範圍亦被收緊。在文件中，只有從事銀行業務的公司、保險公司或證券公司，以及嚴謹規管的發行人集團成員公司之證券買賣獲得豁免披露，其他上市公司證券交易不會豁免披露，同時亦要求上市公司中需披露每一項佔其總資產 5% 或以上的證券投資的詳情，亦要求披露交易對手的身分，以避免上市公司透過暗中交易進行不良股的互持，希望打擊「養殼」活動。

收緊證券行保證金融資

根據最新的《有關借殼上市、持續上市準則及其他《上市規則》條文修訂》諮詢文件中，有關豁免只限於上市公司與證券經紀業務相關的客戶資產。文件中，港交所在應用現金資產公司規則時，會考量公司的業務性質以及其日常營運的資本要求。因此，上市公司若僅有少量證券業務，並持有大量現金及證券的上市公司將會被停牌，上市公司經營者亦因此難以「養殼」。

於 2019 年 10 月生效的《證券保證金融資活動指引》：

· 證券的擔保率亦參照銀行放貸比率引入扣減率限制，以減少證券擔保品價值變動影響證券行財務穩定性

· 壓力測試可用於決定所持擔保股票價值下降時，以計算對流動性影響

新政策生效後，無論是在資本額，又或是對擔保品要求提高了，導致經營證券行的證券抵押所需資金亦大幅增加，即日常營運的資本要求增加，在新例下，這些公司被視為現金公司的機會降低。這亦無形中拯救了不少面臨除牌上市公司，或會導致部分細價股集團死灰復燃。

限制成立貸款公司

同樣地，成立貸款公司亦受到限制，根據 2018 年 6 月港交所《有關借殼上市、持續上市準則及其他《上市規則》條文修訂》諮詢文件，港交所建議把貸款公司一年內應收貸款，定義為現金，加上在考慮是否「足夠的業務運作」中，他們會考慮借貸業務的營運模式、業務規模及往績、資金來源、客源規模及類型、貸款組合及內部監控系統。

在部分例子中，港交所不接納財務公司屬「足夠的業務運作」，最終該公司亦被除牌，所以「養殼」之門已基本上被堵塞。

打擊多種借殼方式

過往，上市條文較為寬鬆，向一名（或一組）取得控制權的人士（或上述人士的連絡人）收購資產，在一次或一連串資產收購中構成非常重大的收購事項，會視為反收購，視作重新上市。最初期限只是12個月，為了減少公司上市不久即賣殼並注入資產借殼的情況，於2004年把期限修改為24個月。

但自此以後，大量財技高手為了避過規定，開始大玩「文字藝術」，目的是快借殼及提高炒作速度，例如：

1. 先利用沒有直接關連「人頭」購買殼，再以「真身」向該殼注入相關資產，反過來取得控制權。

2. 以「真身」買殼，然後在公開市場買入和「真身」相關資產，這些交易不足以構成非常重大收購，這些資產亦跟買殼前資產絕無關連，交易由「真身」相連的實體作出貸款。變相擴大新業務比重，再過幾年把舊業務出售。

3. 買殼後，分多次注入多項非關連、不構成非常重大收購、與本業無關的業務。與此同時不斷以非關連非涉及非常重大收購的方

式，售出原有上市業務，使原有上市業務比重持續降低，變相改變原有業務。

港交所有見及此，在2014年5月刊發指引信，主要關於執行有關反收購行動規定的指引，在以上原來收購條例中引入「原則為本測試」，即從實際意圖上考量收購事項是否構成達致擬收購的資產上市，以及該收購是否規避新上市規定。他們會從以下幾個方面考慮是否「極端」：

1. 收購項目的大小相對上市公司的規模；

2. 所收購業務的質量，有關業務是否能符合上市的營業紀錄規定，又或有關業務是否不適合上市（例如初階勘探公司）；

3. 上市公司於收購前的業務性質及規模（例如是否為殼股公司）；

4. 上市公司主要業務有否出現任何根本轉變（例如現有業務會否於收購後終止，或會否對經擴大後的營運顯得微不足道）；

5. 過去、建議中或計劃中的其他事件及交易，連同該收購會構成一連串的安排，以規避反收購規則發行（例如上市公司在進行非常重大收購事項時，同時出售原有業務）；及向賣方發行任何受限制可換股證券。

如果一項交易根據以原則為本的測試屬「極端」個案，港交所會視該交易為反收購行動。

如果上市委員會決定反收購規則適用於該交易，則已經需視作新上市，如不用重新上市，即需要加強披露及公布審閱的方法編制交易通函，並委任財務顧問對該收購進行合適的盡職審查，以向股東交待有關交易的資料及公司的意向。

進一步修訂漏洞收購堵塞

後來港交所亦在2017年6月發出指引信HKEX-LD109-2017，明確指出一連串的安排的定義，考慮到情況並未完全遏制，在2018年2月再修改HKEx-GL78-14，並在2018年6月在《有關借殼上市、持續上市準則及其他《上市規則》條文修訂》諮詢文件中除考慮將「極端非常重大收購」其編納成規外，同時也建議：

· 反收購期限由24個月，延至36個月。

· 收購所涉及資產，需達到上市公司盈利及現金流測試等上市規定。

· 收購所涉及資產就算似乎在業務及賣方互無關連，只要時間性符合，也會合併計算。

· 擴大原則為本測試，會考慮發行受限制可換股證券是否會導致控制權轉移。

如果諮詢建議通過，基本上已經把過去種種避過反收購條例的收購

漏洞堵塞，並使收購資產盈利要求大大提升，變相減少質素不良上市公司。

加快上市公司除牌速度

為提高上市公司質素及加快除牌速度，2017年9月，港交所推出《除牌及《上市規則》其他修訂》諮詢文件，明確給予主板及GEM停牌上市公司一個明確的時間界線，如上市公司未有列明期限內補救有關問題，則可能會被除牌，在2018年5月諮詢完成後，主板及GEM上市公司若停牌18個月及12個月後，如果未能解決問題，即可能被港交所除牌，相關規例2018年8月生效。

2018年9月，又推出《有關上市發行人財務報表附有核數師發出之無法表示意見或否定意見的建議》諮詢文件，建議核數師對上市公司財務報表發出或表示會發出無法表示意見或否定意見，即需要停牌，至於主板及GEM上市公司分別停牌18個月及12個月後除牌新規適用於上述情況，直至解決問題為止。

但在，如果只牽涉持續經營問題及已經在刊發初步業績公告前，經已解決導致核數師發出非標準意見的相關問題，則不會包括在內，另外亦增加過渡安排及補救期，如在首2年無法表示意見或否定意見的問題，補救期有2年，如果以上核數師意見並非上市公司所能控制，補救期或可延長並按個別情況而定。

3.5
「借殼」未必是不公平

上一節，筆者已經剖析港交所及證監會通過修例方式，打擊港交所不鼓勵之殼股轉型方式，包括買殼後逐步轉型入場門檻極低、易於經營、且無需大量資本即可結業之業務，例如商品貿易、餐廳及零售業務等等。港交所亦利用修訂規則封堵放貸、證券投資及證券行經營之業務作為主業的公司，同時亦對買殼後持續利用小型收購逐步進行主營的公司施加嚴格限制。

港交所支持的「借殼」

其實港交所不是不支持「借殼」，只是希望「借殼」的方式是對其他小股東公平，根據2018年發出的諮詢文件，其實亦有一些啟示，筆者留意到以下幾點：

（一）　雖然港交所把「發行受限制可換股證券」準則擴大上市公司
控制權或實際控制權出現變動的情況，即是會考慮發行可
換股證券換股後，是否會導致反收購行動，並視作新上市審
批，從而堵塞之前部分上市公司利用可換股證券收購。但港
交所指明賣方利用可換股證券後不得持股多於29.9%的限制
行為，認為以上行為不等於新大股東因看好業務購入上市公
司，是在進行「業務擴張策略的活動」。

（二）　在一連串收購導致主業變更或會導致反收購建議時，港交所
都表明「聯交所一般不會將發行人開拓新業務視作一連串交
易及／或安排的一部分，除非發行人經營的業務模式涉及多
個收購事項，而該收購的新主營業務與發行人開拓的業務為
同一業務。」例如一家從事工業的上市公司買殼後股權及董事
局變動，然後進行多起收購，進軍放貸、證券及貿易業務，
或會視為反收購。

（三）　在「極端非常重大交易」中，亦會對「營運規模龐大的主營業務（即資產總值10億元以上的主營業務），並將於交易後繼續經營該業務」及上市公司「一般不少於3年受一家大企業控制，而有關交易為集團業務重組的一部分，並且不會導致發行人控制權變動」進行豁免。

（四）　建議進行業務實物分派需視同於私有化表決規定，即需75%股東支持，而反對股東需少於非關連人士持股10%。

從以上可以見到，港交所鼓勵上市公司因為看好主營業務而購入同業，大股東可通過種種方式（如擴大本業經營業務及注資擴大業務範圍），利用股票市場融資悉心培養旗下上市公司。當眼見集團內旗下公司本業經營不善，港交所亦鼓勵利用重組機會活化上市平台。因此，對於經營不善的上市公司轉型，是港交所樂於所見的。

在這個汰弱留強的情況下，港交所希望投資者對港股市場改觀，從而提升估值。所以投資者投資殼股重點，應著重在大股東有否專注本業及轉型成功往績，不應盲炒一些僅具憧憬的股票。

3.6
證監會的尚方寶劍

為了解決亂象，2016年，證監會及港交所曾經建議改善聯交所的
上市監管決策及管治架構，當中，他們建議應新增上市監管委員會
及上市政策委員會，兩個委員會中，港交所及證監會的代表各佔一
半，分別負責提出、督導及決定上市政策及合適性問題，以及為首
次公開招股，及上市後事宜作出決定。

但由於市場上認為證監會只要根據《證券及期貨條例》，即可運用適
當的權利執法，並不需要利用新設委員會來「奪權」，最終諮詢後大
致維持原狀。而證監會則開始採用「前置式監管」及「實時」監管方
針來處理上市公司事宜。

證監會的「前置式監管」

所謂「前置式監管」，即證監會在處理新股上市申請時，直接與保薦
人或上市申請人接觸，以及有需要時在較早階段提出反對，透過盡

早出手調查和打擊可疑不當活動，杜絕「啤殼」活動及不良股份，較過往證監會在審批上市時，需透過聯交所，向保薦人或上市申請人提問，再由聯交所收集回應轉交證監明顯較直接、實時，能夠快速打擊不法人士。

至於「實時」監管方針，即是通過結合證監會內中介機構部、企業融資部和法規執行部三個部門的資源，一同處理上市公司事宜，以適時採取有力的執法行動，傳達強烈的阻嚇訊息。在處理執法個案方面，他們會及早徵詢法律意見，亦有助提升效率，加快結案速度，從而達致更理想的監管效果和有助塑造未來的市場行為。

根據《證券及期貨條例》，證監會有以下「尚方寶劍」：

《證券及期貨條例》179 (1)條：

證監會如覺得某些情況顯示以下各項，則可要求交出任何簿冊及紀錄：

a) 該法團的業務(i)是為詐騙其債權人而經營的；(ii)是為欺詐性或非法目的而經營的；或(iii)是以欺壓其股東的方式而經營的；

b) 該法團是為欺詐性或非法目的而組成的；

c) 參與該法團上市過程的人，曾經在與該過程有關的情況下作出虧空、欺詐、不當行為或其他失當行為；

d) 管理該法團的人，曾對該法團或其股東作出虧空、欺詐、不當行為或其他失當行為；或(e) 該法團的股東曾未獲提供他們可合理期望獲得的關於該法團事務的所有資料。

《證券及期貨條例》212 (1)條：

如(a)某並非認可財務機構的法團屬原訟法庭具司法管轄權根據《公司條例》（第32章）將它清盤的一類法團；

(b)證監會覺得將該法團清盤，就維護公眾利益而言是可取的，證監會可基於根據該條例將該法團清盤屬公正公平的理由而提出呈請，要求根據該條例將該法團清盤。

3.7
八個財技實例

過去一段時間，證監會定期推出《證監會監管通訊：上市公司》文件，提及不少證監會對上市公司執法的過程。為了讓大家了解證監會的處理手法，筆者也會在文中抽出 8 個個案與大家分享。

1. 空氣收購

上市公司 A 收購一家公司，收購代價是根據估值而釐定，而該估值是按照目標公司主要業務的預計現金流量計算。然而，在作出收購後 12 個月內已將商譽全數減值，及將收購所得的無形資產的重大部分進行減值，原因是經營業績欠佳及市場需求不斷下跌導致業務被終止。

港交所上市規則執行組指，上市公司 A 董事在訂立有關交易時，可能沒有以適當的謹慎和勤勉行事，但港交所上市規則執行組考慮了上市公司 A 提交的資料所載列的事項，當中包括董事已取得估值來

支持收購代價，及已委聘律師進行其他盡職審查工作，因此決定不就這宗個案作進一步調查。根據證監會檢視的檔案，雖然該公司的主要業務在收購後很快便已終止，但證監會注意到，上市規則執行組的職員依賴上市公司透過其律師提交的資料，認為沒有理由懷疑估值報告或董事進行的盡職審查工作，所以證監會也沒有進行進一步行動。

2. 賤價印股票賣殼

上市公司B建議按較當時市價大幅折讓的價格，向一小撮認購人發行新股。該次配售將會令有關認購人合計持有約 70% 經擴大的已發行資本，即實際上等同現有的控股股東將控制權轉移。

上市公司B計劃將配售所得收益，用作拓展處於虧蝕的現有業務。證監會在作出多次查詢後，上市公司B未能就為何按大幅度折讓方式進行配售（及現有控股股東轉移控制權）提供合理解釋。此外，有多個跡象顯示，一名或多於一名準認購人可能正在以代名人的身分，為未披露人士行事。證監會於是向該公司發出反對意向書，當中載有證監會對建議配售的關注事項。上市公司B其後公布不會繼續進行建議配售。

3. 收購賣殼

上市公司C建議透過發行及配售可換股債券進行收購，所發行及配售的可換股債券的換股價均較當時市價大幅折讓超過60%。若獲全數行使，轉換成的股票將相當於經擴大的已發行股本的大約57%。證監會稱了解該收購及配售是一連串的交易的一部分，最終目的是由第三者借殼上市。

證監會按法例展開查訊後，留意到上市公司C收購的公司處於虧蝕狀況，而且尚未開始營運。上市公司C看來沒有迫切的資金以需要解釋為何要進行配售，亦未能解釋為何要以大幅度折讓方式配售可換股債券，或為何沒有嘗試成本較低的融資方案。此外，上市公司C不但沒有就目標收購公司的預計增長提供合理解釋，亦沒有尋求獨立估值。

鑑於以上所述，證監會向其發出關於建議收購及配售的條款的關注函。上市公司C其後公布收購失效及終止配售。

4. 人為谷大估值

上市公司D收購了某經紀行的少數權益，並於其後公布建議收購該經紀行餘下的權益。證監按法例展開查訊後，發現該經紀行所錄得的純利潤主要來自非經常性項目，而其主要客戶是賣方的附屬公司或與賣方有關連的人士。

此外，證監會亦發現，上市公司D曾向一小撮個別人士發出購股權，而這些人士均已透過賣方提供的貸款行使購股權。證監會關注到該一連串的交易，目的是為估值合理化而預先安排的。

因此，證監會向其發出反對意向書，表示關注到建議收購為上市公司D公眾股東帶來的影響。該公司於其後公布已終止收購。

5. 折讓印 Option

上市公司E建議按折讓方式發行非上市認股權證，約相當於該公司超過14%的經擴大股本。但上市公司E卻沒有就以如此大幅度的折讓方式籌集資金提供合理的解釋。此外，董事會亦沒有就將予發行的認股權證取得獨立估值。

證監會關注到上市公司E董事可能沒有取得足夠的資料，以釐定認股權證的發行價是否公平和合理及符合該公司股東的利益。證監會向該公司發出關注函，而上市公司E亦於其後公布終止該認股權證的認購。

6. 賤價印新股

上市公司 F 建議透過根據一般授權配售股份來籌集資金。配售價訂於較上市公司 F 每股資產淨值大幅折讓 80% 的水平。截至最近期的中期財務業績，上市公司 F 似乎擁有充足的現金來支付營運開支，借款總額亦極少 。證監會對於上市公司 F 為何在看來沒有迫切的集資需要時，以如此大幅折讓來進行配售提出關注。上市公司 F 其後終止配售。

7. 大股東挪用供股資金

上市公司G股份配售及債券配售所得的款項存入了一名執行董事的個人銀行帳戶，被證監會發現。上市公司G提供銀行紀錄以支持其解釋，表示有關資金其後轉至該公司在中國內地的銀行帳戶，並用來向上市公司G的債權人付款。然而，證監會另行作出查詢時，發現相關銀行並沒有上述轉帳的任何紀錄。

上市公司G在年報中所示的銀行結餘，遠低於證監會直接從相關銀行所取得的紀錄所示的結餘。鑑於上市公司G可能挪用資金和提供虛假及具誤導性的資料，證監會遂根據第 8 條行使權力，指示該公司的股份暫停買賣。

8. 控制股東會 強行攤薄股東

上市公司H於1年內完成了2次具高度攤薄效應的集資活動，並擬進行第3輪集資活動，儘管上市公司H看來並無迫切的資金需求。證監會因此對該公司的事務展開調查，並發現上市公司H某些董事，與投票批准進行集資活動的部分股東之間存在未經披露的關連。該等董事看來亦與隨後在集資活動中從包銷商購入上市公司H股份的部分人士有關連。

證監會關注到該公司就其集資活動所作披露的準確性和完整性，以及另一項計劃進行的集資活動對該公司股東及投資者的影響，因而指示該公司的股份暫停買賣。

總而言之，證監會現時對於(1)折價配售及供股、(2)不合理價格收購及出售、(3)變相進行反收購交易非常注視，希望上市公司高層好好控制自己的慾望，以理性態度經營自己的業務，不要受不必要的交易累及自身安全，從而令所有持份者受到任何傷害。

Chapter 4

尋找
爆升細股
的方法

4.1　細價股之神 David Webb 的投資方法

4.2　利用細價股滾大資產

4.3　十個方向分析股票

4.4　殼股價值投資六大要點

4.5　未生長線組合：中小型穩定股 + 信托基金

4.1
細價股之神
David Webb 的投資方法

不少人認定中小型股是罪惡的溫床，即使連本書的前半部分也在描述一系列欺騙股民的手法，可見為非作歹的股份已令低市值市場形象低落。

但筆者偏偏是投資中小型股發掘第一桶金，這一章亦打算分享中小型股的投資方法，為了令大家相信股低市值的世界也有發達機會，在正式講述投資方法前，不妨來看看香港細價股市場最成功投資人David Webb的投資方法。

根據他最近的個人專訪，他每年投資回報達20%以上，而且他的投資風格及選股方式，對只擁有小量資金的投資者也頗為適用，且回報也不錯，筆者也有參考他投資股票的風格、在股東會的行為及其詢問的問題，作為補足自己投資的不足，所以向大家分享其投資方式。

David Webb 的故事可以給我們參考，但畢竟我們不是大戶，因此投資組合亦應該更適合只擁有較少資金的我們。由下節開始，筆者會由抽象的投資框架開始分享，內容會一節比一節變得逐步具體，去到最後一節，我會分享個人的組合構成。

David Webb 是誰？

David Webb（大衛韋伯）為一位著名港股投資者，生於英國倫敦。於1986年，David Webb 在英國牛津大學埃克塞特學院數學系畢業，曾寫過 Spectrum 及 Commodore 64 電腦遊戲，賺得第一桶金，其後轉至投資銀行業，1991年把居住地移至香港，直至1998年退休，開始從事細價股投資。現時他是香港證監會收購及合併委員會副主席及香港交易所前非執行董事。

他退休後，成立了Webb-site，經常對金融、財經界發表評論。由於Webb-site 經常揭露香港部分上市公司管理層的不當行為，例如以康健國際（3886）為首的「謎網50」、以華融及民生銀行系列股份為首的「謎網26」及以非標準核數師意見、被核數師評為「否定意見」或「不發表意見」的「瀕危41」，令投資者避開不具價值的股份，其中「謎網50」更引發不久後的細價股大跌，使他聲名大振。

他一直主張上市公司要提升透明度，以吸引更多投資者，所以被部分投資者視為代表小股東權益的聲音，但或因其行動較激進，被部

分上市公司視為「麻煩製造者」，故有「股壇長毛」之稱。不過，近年上市公司因其威名亦開始重視其意見，其所持有超過5%披露水平的股份在公布後，在短時間內亦有所追捧，並出現有一定升幅。

在他的港股投資生涯中，多以投資小型股票為主。以前，每逢12月左右，他會推出「聖誕股」（Christmas Pick），在他發布當日均有一定升幅，但後來因為種種原因，在2009年開始已取消發布，僅發表投資者可以留意其持股名單。

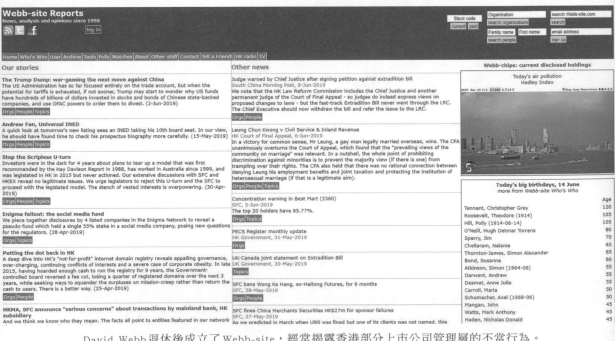

David Webb退休後成立了Webb-site，經常揭露香港部分上市公司管理層的不當行為。圖為 webb-site.com

David Webb 個人持股名單

據其 2019 年初和彭博專訪所稱，他現時持有約 35 隻股份，市值約
1.7 億美元，持有期超過 5 年，並不用槓桿及沽空手段，每年回報達
20% 以上。根據港交所相關股權披露，他持有以下股份：

David Webb 個人持股名單

編號	名稱	最新披露日期	持股數量	持股比例 (%)
46	科聯控股	2019 年 3 月 22 日	15,110,000	6.05
57	震雄集團	2018 年 5 月 29 日	37,908,000	6.01
125	新興光學	2017 年 7 月 14 日	26,328,000	10.01
229	利民實業	2017 年 8 月 30 日	29,173,000	6.00
255	龍記集團	2018 年 12 月 13 日	37,904,498	6.00
328	愛高集圖	2019 年 2 月 21 日	75,344,884	10.42
333	黛麗斯國際	2015 年 3 月 23 日	10,772,000	5.00
423	經濟日報	2019 年 3 月 05 日	22,600,000	5.23
483	包浩斯	2018 年 5 月 08 日	33,084,000	9.00
518	同得仕	2018 年 2 月 06 日	27,900,000	6.01
684	亞倫國際	2016 年 8 月 22 日	36,784,000	10.96
927	富士高	2018 年 11 月 22 日	42,176,000	10.01
1120	雅視光學	2019 年 4 月 23 日	30,982,000	8.02
1127	獅子山集團	2016 年 1 月 07 日	61,640,976	8.00
1170	信星鞋業	2017 年 3 月 15 日	41,970,000	6.00
1373	國際家居零售	2018 年 4 月 30 日	36,131,000	5.02
2788	精熙國際	2017 年 8 月 08 日	56,800,000	6.91
3828	明輝國際	2018 年 4 月 26 日	94,553,000	13.00
6838	盈利時	2018 年 4 月 26 日	25,004,000	5.00

資料來源：港交所權益披露

筆者曾研究過中央結算調查及股權披露，他亦有可能仍持有壹傳媒（0282）、通達集團（0698）、筆克遠東（0752）及南洋集團（0212）股權。同時，根據他在部分股東會曾稱，他亦可能持有一些在新加坡上市的股份。

8大投資要點

根據彭博相關報導，他有以下8大投資要點：

1. Owns about 35 stocks at a time, with an average holding period of "five-plus" years.（每段時間只持有約35只股份，平均持貨5年。）

2. Long only, never short.（只持長倉，從不沽空。）

3. Prefers large stakes in small companies and isn't afraid to take an activist role: "If you are going to be a minority shareholder, it's better to be a big one".（傾向在小公司持有大股權，無懼擔任激進主義者的角色 ---「如果你要成為少數股東，最好是成為一個大的小股東。」）

4. Doesn't use leverage.（不用槓杆。）

5. Looks for businesses that are well-governed and undervalued. (找尋具公司管治質素而估值被低估的企業。)

6. Reads the regulatory filings - - almost all of them. (細閱監管文件 --- 「幾乎所有這些文件。」)

7. Avoids large caps. (避開大價股。)

8. Refuses to manage outside money: "It's a lot of hassle". (拒絕管理外來資金 --- 「因為有很多麻煩。」)

簡易的選股條件

一般來說，David Webb 的選股條件非常簡單，大家也能模仿：

業務：過往，他一直只會購入工業股，主要是銷售必需品的公司，如眼鏡股新興光學（0125）及雅視光學（1120），鞋股信星鞋業（1170），電器產品的愛高集團（0328）、亞倫實業（0684）、利民實業（0229）等。直至近幾年，由於工業股經營艱困，所以亦開始購入經營展覽業務的筆克遠東（0752）、經營「日本城」家品店為主的國際家居零售（1373）、傳媒股壹傳媒（0282）及經濟日報（0432）。

低市值：根據港交所股權披露，他持的股份市值均為20億以下，主要約10億至20億之間，少數更是10億以下。

具有價值的資產：David Webb 通常會挑選一些具有自置內地廠房及香港物業作長線持有用途，或者持有大量現金的上市公司，亦可能挑選有巨額出售的公司，如震雄（0057）、壹傳媒（0282）及明輝國際（3828）等。

在會計原則下，如物業是自用，一般都會繼續進行折舊，帳面價值會變少，但隨著時間推移，價值會不斷上升，這就形成巨額隱藏資產，導致低估其真實價值，這就有價值投資的空間，當他們出售時，David Webb就會開始增購股權。

盈利及現金流：能吸引David Webb購買至已發行股本逾5%的公司，大部分具有可觀且穩定的盈利及現金流，這就已經具備持續派發高股息的能力。

股息：一般來說，具有穩定的盈利及現金流的公司，管理層在David Webb增持至具披露水平之前，也極願意和股東分享利潤，派息在5%以上左右，但在David Webb質詢後，大多數會傾向利用多餘資金及出售資產所得，增派更多股息。

買入及存倉方式

一般來說，盈透證券（Interactive Brokers）極可能是他購入股份的專用券商，優勢是下盤命令較迅速，大手交易佣金亦較便宜。對於 David Webb 這一類投資者而言，盈透證券亦提供不錯的配套，使他可以分開個人及自身公司的倉位，方便處理他的投資。在購入後，他一般都轉入中央結算系統（CCASS）投資者戶口，以不願意披露方式存入。

如果你留意到自身股份具有他的選股特徵，當不願意披露的CCASS戶口持有人持倉不斷增加，這就可能是他正在增持此股，具有潛在獲利的機會。

投資後的積極參加股東會

David Webb 在增購某些股票至觸發點後，會參加周年股東會，他在周年股東會大約會以下述方式，跟大股東及董事進行溝通：

參與人數：他通常會以2至3人赴會，同行通常是一位身型肥大的外國人，筆者深信他和朋友持股為數不少，有時亦會和一些基金同行或是懂英文朋友一同前行。

提出要求：為提高公司業績透明度，他通常都希望上市公司發布季

度業績，部分上市公司如利民實業（0229）等已接納建議。

所詢問問題：由於 David Webb 參與的，一般是以外銷型工業股的股東會居多，所以大多數會詢問一些重大事件如中美貿易戰、勞動力成本變化對主要客戶及供應商所帶來影響，據稱他亦會向一些基金朋友打聽。

如公司擁有大面積極價值不菲的廠地，也會詢問是否會遷廠至其他更偏遠地區，發展房地產業務。如果某借貸突然增加，又或是有些邏輯不清的關連貸款，包括管理層薪酬過高，應收款撇帳政策、甚至報表的列示貨幣等，他亦會進行非常長的質詢。

另外，如果上市公司出售資產獲得現金，他會主張分派大部分現金股息予股東，令股東可以獲得最大利益。

對董事的要求：如果某部分董事職務太多，應接不暇，甚至無暇出席股東大會，或者開會途中離開，他亦會對該董事連任投反對票，甚至向主席建議該董事應該辭任。不過如果該公司董事曾擔任其他財務不穩公司，若仍未有監管部門調查，他會支持董事繼續連任。

對發行授權態度：由於他認為港交所當初設定一般授權發行比例20%，會對股東造成重大攤薄，會對市場流通量造成壓力，故他一般反對建議。他通常建議公司如果進行發行新股收購，仍可以維持20%比例，但如果換取現金，則建議應只發行5%股本的新股，已經留意到雅視光學（1120）已更改相關的做法，他亦贊成該議案。

其他： 如果他在某股持股較大，他或會在股東大會上索取管理層的卡片，並跟管理層要求會面一次，投資較少的公司，他則未必會有這些請求。如果會面後，公司仍然不願意就範，他就會利用公開撰文方式，並利用媒體傳播，以促使上市公司就範，接納他的建議。

實現回報途徑：派息、退出

一般來說，由於David Webb一般持有的股份流通量較低，所以在購入後通常都難以出售，也不會退出，故通常是長線持有股份，他實現回報的途徑有以下兩項：

派發特別股息：由於David Webb在購入並作極長線持有前，通常已了解公司可派發高股息，他也會迫使公司派發股息，以降低買入成本及提升回報，並可套出資本作其他投資之用，如愛高（0328）、亞倫國際（0684）及明輝（3828）出售自有寫字樓物業後，亦派發了高額股息，以作日後其他投資用途。

賣盤：賣盤消息也是David Webb的退出法門。在賣殼消息至成事，股價也大幅波動，成交亦多，造成他的出售良機。根據早年新聞資料，他在2000年科網熱潮期間，昌明控股（1196）遭日本世嘉借殼上市，股價急升數十倍，他立即出售股份，當時獲利甚豐，之後亦成為脫手的手段。另外筆者核對CCASS紀錄，除了隆成集團（1225）外，其餘如鱷魚恤（0122）、順龍控股（0361）、安域亞洲（645，前稱港台集團）、裕華能源（2728，前稱成謙聲匯）等，亦利用此等方式退出相關投資。

David Webb 投資實例分析

David Webb 投資生涯中，成功多於失敗，筆者特意挑選其中 2 個成功及 1 個失敗事例，供大家參考。

鱷魚恤（0122）：David Webb 在鱷魚恤中，曾兩進兩出，獲利不俗，亦成為其一項著名戰績，和各位讀者分享。

2009 年私有化之役—2009 年 2 月，金融海嘯過去後不久，市況低迷，當時旗下主要資產觀塘工廈快將重建成鱷魚恤中心，租金收入快將大增。但當時股價只有 0.2 元，卻較資產淨值約 0.9 元，折讓逾 8 成，當時持有約 51% 股權的大股東林建名決定以 0.4 元私有化，較資產淨值折約逾 5 成，引起大量小股東不滿。

在公布私有化消息後，David Webb 大舉增持至約 3,100 萬股水平，接近已發行股本 5%，同時並聯絡林建名，要求進行會面。在會面中，他要求提價。林建名考量再三，僅提價 5% 至 0.42 元，最終 David Webb 不贊成私有化，最終因未獲 10% 非利害股東股權支持，導致私有化失敗。私有化失敗後，根據中央結算紀錄，估計 David Webb 平手減持部分股份。

2014 年增持之役— 在私有化後，David Webb 仍未忘情，陸陸續續低價買回，在急升時亦有沽出，但整體上保持增持趨勢。這段期間，他持續向該公司「發炮」，例如 2012 年 3 月，針對為紀念成立

60周年進行的2送1紅股,他指出其為浪費行政成本。

直至2014年8月,David Webb在股價約0.44元水平時,再增持該公司至逾5%水平,股價一度急升近20%,但旋即減持至低於5%。根據中央結算紀錄,他有趁著當時股價似乎一浪高於一浪,開始陸陸續續減持股份,但只屬零星減持,直至林建名宣布賣盤,股價暴升至近1元,減持亦開始加速,成功售出大部分股份,估計最高賣出價達1.9元,當中獲利數倍。

在2015年7月中國A股暴跌,股價急跌後,他似乎在1元以下補回股份,最低購入價更為0.5元左右,其後更開始慢慢回補部份,高賣低賣把握時機準繩。

成謙聲匯(2728,現裕華能源): 成謙聲匯當時主要經營揚聲器產品,營業額及盈利頗為穩定,派息亦豐厚,故David Webb開始留意該股並持續增持,直至2007年9月首次增持至逾5%,其後陸續增持至9%。

直至2009年,由於業務經營成本持續上升,該公司盈利持續減少,更於2011年開始錄得虧損,虧損在2012年擴大至3,340萬,直至2013年才轉虧為盈,略有微利,故主要股東亦意興闌珊,在2014年賣盤,向獨立第三方出售手上股權。David Webb在賣盤開始減持,沽出價均逾1元,較其購入價0.6至0.9元略有利潤,直至2015年4月減持至5%以下。在減持至5%以下後,根據中央結算紀錄,減持仍然持續,沽售的價格愈減愈高,最高減持價更逾3元,當中獲利亦非常豐厚。

隆成集團（1225）： 隆成集團早年從事嬰兒車相關生產業務，但股權一向較為分散，在2014前，派息一向慷慨，故早於2006年David Webb 已增持至5%水平，其後陸續增持，在2011年增至8%，但由於中國工業經營持續艱困，加上創辦人家族年事已高，故已有賣盤之念。

在2014年4月，首位來自「謎網50」的董事開始擔任非執行董事職務，不到兩個月，隆成即宣布以9.3億出售核心業務，並宣布派發0.3元股息，但David Webb似乎不太滿意安排，除於9月要求公司派發1元股息外，亦同時繼續增持股份至9%。不過最後並沒有成功，公司只是把一項光纖業務30%出售予另外一位股東聖馬丁（0482），股息仍然不願派發，公司仍然保留巨額現金、並準備把資金投入醫療業務。

但是，2014年12月，公司似乎改變了方向，委任了一位具有多年金融經驗的董事，同時根據中央結算披露，股權開始陸續轉至「謎網50」成員證券行，變相已賣盤。在2015年4月，原有管理層更把股權出售予獨立第三方，而且退出上市公司，並因醫療業務缺乏收購機會，轉移至金融業。

在原大股東出售股權後，同時間幕後人士似乎已準備就緒，利用多項交易鞏固自己的權益，所涉的股份巧合地均為「謎網50」股份：

(1) 2015年3月，購入中國投融資（1226）於廣州物業，作價3,900萬，以100萬現金及7,600萬新股支付。2個月後，認購該公司1.3億新股，認購價每股0.275元。

(2) 2015年5月，購入中國汽車內飾（48）製造業務，作價4,500萬，以0.6元發行7,500萬股支付。

同時間，公司管理層行使大量購股權，導致David Webb股權一路遭攤薄，估計他亦有陸續投入資金增持。2015年7月，公司購入炎昌証券投資有限公司及成立一間全資附屬公司，Black Marble Capital Limited從事放債業務，同時也購入一家上市公司股份，後來證實為泡沫股中國集成（1027），正式移轉為金融業。

不久，為籌集資金擴張，隆成集團宣布進行1供3股集資，每股0.15元，遠較資產淨值為低，包銷商為「謎網50」一家非常重要的證券行，David Webb發現大量上市公司及相關人士包銷該公司股份，他似乎也沒有供股，不過之前投入的資金卻已經損失了不少。

2016年，公司前管理層已退出業務，換入大量新管理層繼續投入更多國內金融業務，除增購網上金融公司「錢內助」外，亦加深放貸業務及證券業務的投資，以及從事基金管理及中國融資租賃業務。除5合1外，再進行第2次供股集資，條件1供2，每股合併後0.2元（即每股合併前0.04元），至此David Webb終於投降，把供股權售出，投資已幾乎輸光，但仍阻止不了隆成集團供股的計劃。

在集資完成後，公司更打算和其他股東成立國內證券行絲路證券。為進一步集資發展此業務，隆成集團在2017年3月打算進行第3次供股，以1供2，每股0.1元（即每股合併前0.02元）方式發行新股，用於進行增資絲路證券及發展金融服務用途，但供股因種種關係一直遭延遲。

同時間，David Webb不斷揭破公司的行為，但似乎他開始利用新方向，要求公司於年報披露所持股份詳情，一步一步收集訊息，把這批細價股全部組成一個網絡。直至2017年5月15日，David Webb終於公布《The Enigma Network: 50 stocks not to own》（謎網:50隻不能持有的股份），把這批股票一網打盡。

最終因這篇文章，一石激起千重浪，6月6日，證監會因認為2015年8月供股有重大失實，以及保護投資者因素，勒令該股份停牌，更激發6月底「謎網」內股份的急跌潮，史稱「粉塵爆破」。其後更引致監管當局對「邪惡集團」針對的調查，以及針對過往忽視股東權益行為、證券行孖展，以及現金公司條例的修補，可以謂影響深遠。

以上故事，可以反映出「凡事太盡，緣分勢必早盡」，做事情必留有餘地，否則下場則慘烈。如果當日能讓David Webb全身而退，似乎還可以繼續他們的操作，但如果讓他全身而退，香港缺乏公司管治市場的改革就會晚幾年，這究竟是福還是禍？這可以讓後人細想之。

4.2
利用細價股滾大資產

這一刻，我們可能未及 David Webb 如此富有，但我們的個人資產及財富，還是可以一步一步地建立的。

筆者的投資方式可能較其他投資者略有不同，雖然都算是一個收息組合，看似其實非常粗略，亂石投林，但也可以說是一個生態系統，也好像打大佬般，一層一層，穩中有攻，攻中也有守，目標是使手上資產產生出非常長期穩健的複合增長。

2008年，筆者只有約8萬資產，當中很大部分資產是學生貸款，淨資產實質只有2萬，近年淨資產已擴大至數百萬。有人會認為十萬八萬不足以做投資，更認為幾百萬不算太多，但是對不少人來說，這已是一筆不少的財富。筆者深信通過持之以恆的紀律和適當地選股，數年已可略有小成，把這個正確的方式堅持十多年，應該就可以人身自由，做自己想做的事。現在就和大家介紹這種方式。

儲蓄、投資

首先，我們要辛勤工作，把大部分薪金儲下來。筆者在工作第1年，人工只有1萬，因為要償還學生貸款和付家用，剩下只有約4,000至5,000元，除上班必要開支外，習慣躲在家不花費，並找一些不用花錢的活動如上網消磨時間。這些錢就成為筆者投資的啟動資金。

然後，就是選股。筆者在大學時代重新投資，最初只懂挑一些低廉高息的股票，曾經也賺過大錢，但轉間成空。後來在大學讀到一些研究股票的學術論文，找到不少理論說明業績增長和股價急升的相關性很大，獲得一些啟蒙。隨著投資經驗愈來愈多，我比較過自己投入的效率、業績發布後的股價表現，開始找到一套較為適合自身性格，也省功夫的選股方式，下面我會再作詳述。

開始做適當的融資

當找到適合自己的投資方式，要不斷試驗其可行性，方法恰當的話，你的資本會逐步擴大，擴大到某個水平後，就要開始尋找融資的方式，進一步擴大自己組合回報。但是，筆者不建議投資組合有高於5%貸款，一些低息且大額的分期貸款，還款期愈長愈好，這樣可以減低償還分期的心理壓力，也可以不影響每個月儲蓄，甚至可利用所得股息來償還貸款，逐步擴張組合。

待組合能夠有首期買物業時，應該盡早進行，槓桿愈大愈好，利用物業大幅槓桿及低利息擴大所控資產，雖然在投資初期會耗盡積蓄、而供款亦會導致每個月投資金額減少，但這段時間如果沒有把握機會，有可能會損失大量潛在利潤，會是十分痛苦。但死守約兩年待銀行罰息期過去，利用物業升值後再作加按，除了賺取銀行回

贈外，也可套出一筆低息資金進行高息且有潛力的投資，套取當中的息差，且可以賺取升值回報，然後再等有足夠資金時，應該再盡力購買物業資產，擴大手中資產及所得現金流。

殼股倍大投資本錢

在以上過程累積資產的股息及租金，可以嘗試進行一些殼股投資，以圖利用這些投機方式把細小資金去博取一筆具有意義的金額，選股方法下面筆者會詳細解釋。在這些殼股賺取一筆錢後，反過來再投入高息股及物業，然後又利用股息及租金不斷循環這個過程，隨著時間推移，手中的所擁資產自然就不斷增大，慢慢這些投資就可能養活自己，換取你個人的人身自由。

不過一般來說，堅持是非常困難，因為這是一個非常痛苦的過程，特別是在利用這種方式的首兩三年，由於資本較少，投資方式未實驗完成，股息不多，獲利因市場波動時有時無，有時甚至是虧損，雖然涉及金額不大，但這種心理煎熬很痛苦。

但只要投資的資產是具有前景，資產價格自然會節節上升，手中資產自然會增加，但最重要的是，在過程中賺錢會開始對自己投資有信心，之後再面對逆境時自然就慢慢變得容易接受，這亦會促使你以平常心看待市場起落，不會患得患失，這是一個良性循環，使你更容易賺得更多錢。之後不斷微調方法，你投資愈來愈得心應手，逐步邁向財富自由。

4.3
十個方向分析股票

筆者一直認為選股不難，簡單的方法已經可以找到一堆適合投資的對象，但是由於股票爆發點難以確實預測，因此注碼控制比選股更難。有時買入後短時間已經賺錢，更多的是買入幾年動也不動，忍受不住就會賣出，有時賣出不久就爆升，實在非常可惜及後悔，所以對於持有一隻股票，是否值得繼續持有，確實值得商榷。因此，對於筆者來說，我會按手上資金水平及市況變化改變注碼投放策略，但選股原則沒有大變：

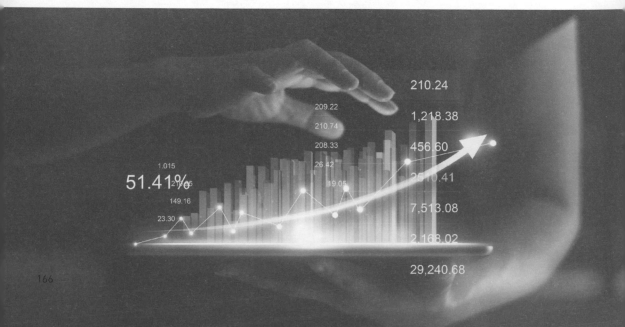

選股的十大方向

1. 潛在不良往績

2. 業務穩定性

3. 股息水準

4. 資產負債表結構

5. 損益表結構

6. 分部比重

7. 預期估值

8. 催化劑

9. 公司行動

10. 股價表現

1. 潛在不良往績

筆者十多年前重新投資股票以來，基本上所有上市公司招股書都會全部閱讀，以發現更多投資機會。筆者會從以下幾個方面分析上市公司是否不良：

· 成立地點

· 大股東過去業務發展及投資

· 上市前及策略投資者

· 客戶及供應商名稱及分布

· 董事及高層履歷及擔任職位的上市公司

在分析以上各項時，如發現有前章提及過的危險跡象，例如成立地點位於一些特定省份或地點；大股東做生意時常玩財技或大鬖大外業、有賭博習慣、投資失敗或破產經歷；董事及高層擔任過一些令人感覺懷疑或因「造假數」醜聞的上市公司，筆者就會添加在自己的不具價值投資名單中，但程度有輕重之分，如果性質嚴重者，或會列入永不投資的清單之中。

較為有趣的是，通常列入筆者永不投資清單的股票，在上市後不久表現會非常驚人，或是因為相關人士知悉公司賣點全無，需要利用

這些外在股價表現來吸引投資者，以供日後「出貨」之用。但筆者不會沾手。

2.業務穩定性

在招股書中，一般都有公司的業務介紹。

工業股、貿易資源股是較不穩定的物種，所以要謹慎處理，如果業務產品的同質性較高：金屬、水泥、鋼鐵、玻璃、化工原料、半導體、電子產品、紡織品、造紙等，公司會較為波動，投資者需較為留意產品價格。

日用品品牌產品：但如果賣的是產品其中一項細小部件，或是一些日常需要的品牌產品，卻較為穩定，反而留意成本控制。兩種買賣股票的方式都有不同，工業股、貿易資源股只能周期性中短線持有，以享有盈利爆發帶動估值，日用品品牌則可以長線持有。

消費品零售及相關服務業：由於消費者喜好變化太大，也是較為波動的行業，如果做得好，這些公司很容易快速發展、派高息，同時也會享有高估值，但如果做得差，也會沒落得很快。在購買此類股票前，筆者希望讀者能親身感受，看看是否體驗良好，如果感覺良好，就應該先小批量購買股票，然後繼續進行更多消費，如果多次體驗良好，就應該下重注。

地產行業：要留意公司是否周轉快速型，還是酒店、商場等收租型，前者由於靠銷售速度取勝，較為波動，所以只需盯著銷售速度和利潤率，後者則留意其資產加租速度及出租率，波動會較低，但兩者因為都會借錢，都應該留意其利率變化。

金融行業：筆者覺得一般這行業一般隨經濟體增大，銀行規模就會持續發展，盈利能力會相對持續增長，但壞帳及利息會隨經濟周期變化，短期顯得不太穩定，保險、證券、融資租賃都是類近，但他們變化在於市場成本，分析保險、證券公司時，更需要是留意他們的投資能力。

建築行業：分為兩種，分為地基行業及建造工程，前者因變化較大，所以利潤率會較高；後者變化較少，利潤率較低。但同樣地，由於建築工程很受不同因素影響，如政府態度、商業情況、天氣及災難、融資、收款等，不算是極為穩定行業，主席或管理層亦因行業不明朗，有出售公司套現退休的誘因，故此行業頻頻出現賣殼情況，建議迴避。

其他：如碼頭、供電、電訊、水務、倉儲、公路、醫療、運輸等類近公用的行業，投資上會較為穩定，筆者投資也是會選擇這一種。唯一要注意的是，行業現金流雖穩定但需要高投入，所以他們極為依賴融資，利息成本及融資方式極為影響這類公司的穩定，投資者務必當心。

3. 股息水準

股息水準直接影響筆者投資決定。筆者一般希望公司可維持穩定的
派息政策,如果每年增派股息則更好,這反映公司財政穩健也願意
和股東分享成果。

但如果公司盈利增長派息減少、按股價表現而派息、根本沒有股息政
策、盈利似乎良好但不派息,這類公司,筆者建議投資者應該迴避。

不過派息又未必代表公司情況一定是良好,如果公司持續連年虧
損,且不是因為折舊所致,不斷派發股息會持續消耗手上現金,現
金亦始終會有耗盡的時刻,到時自然就不能維持派息政策,到時股
價就會暴跌,所以這些股票也應該要去迴避。

4.資產負債表結構

筆者認為，一個健康的資產負債表應該僅維持周轉現金，保持適量負債即可。如果保留過多現金存款沒有把握適當投資機會，反而是降低公司營運效率，如果不派發股息，或是保持銀行債務，甚至經常集資，公司情況就沒有如想像中好，更大機會是投資陷阱。

如果公司存貨、應收帳款、固定資產不是與營業額趨勢相符，例如營業額沒有大增，但存貨、應收帳款、固定資產及銀行借貸快速增加，又或是資產負債表偏離龍頭公司的表現太多（如某些行業龍頭公司保持高負債，但如果在同一行業但較小的同業卻是財務健康），應去了解其財務健康的來龍去脈，否則亦可能陷入其他價值陷阱或股票騙局之中。

5.損益表結構

一般來說，公司盈利情況通常由營業額、營業成本、營運成本、利息支出、一次性收支及稅務構成。分析公司情況時，一般應該撇除一次性效果，以比對真實表現。

在撇除一次性效果後，先留意毛利率及純利率是否極高，如果偏離一般常態，應該多留意固定資產、存貨、應收帳款、預付款等項目增加是否和盈利數目接近，如果確認是如此，就應該迴避，如果不

是，應確認派息紀錄，以及留意盈利是否已長期維持。

另外，如果營業額上升，盈利下降，要分析盈利下降原因，要了解甚麼原因導致，如果是稅務原因，情況會較好，如果是生產原因，應去了解原因如何，一般都不是好事，除非他們成功投入一項即將會帶來大額盈利的項目，就應該繼續死守。如果營業額下降，在扣除一次性效果後，盈利反而上升，應該翻翻過住的交易及業務，是否有令人懷疑現象出現，或有可能是投資陷阱。

6. 分部比重

翻閱財務報告附註的分部，會令投資者深入了解公司。需要留意的是，一些處於盈虧平衡點的公司，可能具有一些很賺錢的業務，也擁有一些燒錢的業務。如果這些公司能把燒錢的業務逐步變成賺錢的業務，或者是把它出售減少虧損，這會令其盈利情況突然大幅改善，估值亦會因而帶動上升，也是一種投資的機會。

7. 預期估值

在努力了解公司後，投資者就可以上市公司盈利及派息作出大概估算，然後比較現時公司市值，如果計算盈利激增，預期市盈率低至上市公司過去平均值的話，就可以放心大舉購買，以待佳績到來。

筆者由於買賣工業股及零售股比較多，所以可以給出這些行業大致購買的預期估值，一般預期工業股市盈率是 5 至 6 倍，零售股市盈率是 8 至 10 倍。

8. 催化劑

如果上市公司進行同業收購，若業務具有強勁盈利能力，且估值較低，在沒有配套融資下，應該計算其收購後盈利，然後對比市值。計算後，市盈率若遠低於現時數字，但股價並無反映，應該購入；反之如果公司進行一些效率低的收購、或者是重要高管變動，又或是賣盤等等，應該考慮其細節變化會否影響業務，並向上市公司求證，一般而言，應該迴避居多。

9. 公司行動

如果公司多進行送股、拆股及增加派息，這是一個極好的現象。但如果在股份分拆或送紅股前大約 1 年左右有合股行為，建議多加留意公司在送紅股前後是否有極多利好消息、股價急升，或者公司高層專訪，如果有見到以上情況，應該多加迴避。藍籌及國企的供股或合股，可以忽視此等消息，其他股份應該盡量留意公司真正價值及管理層往績再加判斷，否則應該迴避。

10.股價表現

在分析過公司各項基本因素沒有大問題後，筆者會把股票加入觀察名單之內，當然也會看一次股價圖。在筆者角度而言，會較喜歡股價見頂後回落至低位，然後橫行了3個月以上的股份，並計算這預期估值是否仍然值得購買。如果手上確實有一筆閒置資金，在計算估值的結果顯示有盈利潛力，筆者通常就會下定決心先買一注，如果股價再跌則會再購入，並保持購入至股價急升之前，這就可以在低位累積大量部位，亦不會受高追影響。

從以上方式，投資者可以考慮不同股票的形態，從而看到公司的爆發點何在，從而可以從容建立自己的策略，得知自己應否繼續買入、持有或者沽出，但大致的方式都是高估換成低估、強勢換成整固。這種策略短時間或會令組合吃虧，但是組合長期會較為穩定，自己亦會具有較佳心理質素，即使持有巨大的倉位，也可以安心睡覺，心理質素穩定，自然投資表現也會好一點。

4.4
殼股價值投資
六大要點

筆者雖說是財技研究者，但買這些財技股不算非常多，也不想太多，因為始終有一點投機性，況且自己覺得財技股只是塘水滾塘魚，有機會贏錢也有機會大輸特輸，筆者個人則不想造成一種急速致富的途徑。

至於寫這部分的目的，只是眼見坊間不少教學課程往往為了製造賣點，增加一些沒有甚麼營養或成功率極低的招數，導致極多投資者高追了殼股而不自知，最後更遭到損失。這一節是上一節的延續，在投資小型股份時，也不應忘記上述的原則，只是部分原則在應用小型股份時，其標準可能會不一樣。

筆者只希望以下投資方式能夠溯本清源，讓各位投資者回歸到基本，所以現在只分享自己平時運用的方式，其實只是很簡單，主要分為六大要點。

1.市值要細、股權集中

在筆者角度來看，一隻股要大幅上升，離不開市值細、潛在估值低
和股權集中：市值細代表利用小量現金已可以買下來，買家會較多；
估值低代表未來升值潛力高；股權集中會令股價上升時，令街外人
士賺錢較少，使他們炒作動力更強，所以抱著這種心態，應該就可
以找到一些目標。筆者認為如果GEM市值在1億以下，主板在3億以
下，加上大股東持有超過50%股權就已經符合標準。

2.業務位於香港且要有名氣

如果業務有一些名氣，且位於香港，自然上市公司主席會較愛惜羽毛，為了日後在商界打滾的資本，公司會傾向出售給一些有信譽的投資者，股價未來上升或者做大的機會較高。如果那些業務是位於其他地區並不知名、同類型上市企業較多、難以辨認的公司，傾向隨便賣給一些財技高手，又或是早已在上市時賣出，甚至斬件賣殼，這會導致炒作效果大打折扣。

3.管理層及投資者相對正派

根據筆者之前所提及的，其實對這些小市值公司，因種種原因難以招徠較佳的投資者或董事，所以部分公司充斥一些往績紀錄較差的董事或投資者。不過，在筆者角度來看，如果投資者或控股股東沒有太多財技背景，只有1位或以下董事有擔任不良上市公司紀錄，問題也不算太大。

4.公司專注本業、利潤較佳、資產負債乾淨

由於港交所已推出除牌制度，財務公司、證券行、進行證券投資的公司、連年虧損的公司已經不可以在考慮之列，取而代之應該是一

些經營工業、科技或飲食零售、建築的上市公司，只要在撤除上市支出後有盈利即可。至於報表因為現金公司關係，投資標的不應持有過量現金及證券，故此有一份沒過量負債的資產負債表，已經進入射程範圍。

5. 有一定派息

由於持有殼股有一定成本，造成其他機會成本的損失，故此筆者會要求殼股最好有派息，有3%至5%為最佳，但讀者們敬請留意，這並非強制要求，只是為降低持有成本目的。

6. 沒有太多公司行動

如果公司之前經歷供股、合股或發布一些重大收購消息等，已證明該上市公司老闆頗喜歡「炒股票」，這些公司或已「炒傷」，甚至可能喜歡利用消息炒作，未必是值得頗投資的殼股，若不慎購入，或會遭到利用，導致投資損失。

根據這個方式，筆者大約38隻股推介，在風險控制角度來看，應該用所有資金分開10至15份，每1份購入一隻為宜。

湯未生推介—38 隻可以留意的殼股：

代碼	名稱	代碼	名稱
37	遠東酒店實業	1397	碧瑤綠色集團
90	琥珀能源	1496	亞積邦租賃
130	慕詩國際	1500	現恆建築
248	香港通訊國際控股	1620	加達控股
387	力豐(集團)	1667	進階發展
495	百利大	1711	歐化
540	迅捷環球控股	1793	偉工控股
595	先思行	1867	樂嘉思控股
599	怡邦行控股	1891	興合控股
675	堅寶國際	1897	美亨實業
1047	毅興行	1968	興紡控股
1235	專業旅運	1975	新興印刷
1985	美高域	3997	電訊首科
2193	萬景控股	6038	信越控股
2223	卡撒天嬌	6829	龍昇集團控股
2288	宏基資本	8290	亞勢備份
2885	彼岸控股	8432	太平洋酒吧
3728	正利控股	8447	MS CONCEPT
3789	御佳控股	8483	名仕快相

4.5
未生長線組合
中小型
穩定股＋信托基金

筆者早年的投資組合可以都是以短線養中線為主，即是在業績期前非常短期的時間買賣預期業績大幅改善的股票，待發放業績後以立即以高價出售，以交易中的利潤來補貼中期持倉等待利潤，但後來市況實在太波動，能夠賺錢炒業績也愈來愈少，甚至時有虧損，後來也逐步發覺能賭業績的股票，其實長線表現會更好，加上和更多資深股票投資者交流後，發現賺大錢的原則仍然是死抱不放，加上手上要做的股票研究亦愈來愈多，為集中精力處理，所以逐步傾向進行較長線的投資，中線就仍然維持，以積儲長期投資的資金並提升回報效率，卻無可避免地減少短線的比重，至今已很少進行短期投機。

組合上，筆者會投資少數派息或增長較強的股票，以爭取穩健回報，亦會投資一定比重的固定收益證券，以用於保本。至於剩下資

金，也許就會投入一些市值較低「殼股」，博取一時間的高回報，用於爭取較市場佳的表現，筆者的個人組合大致上分為：穩定股及固定收益證券。

百億以下的穩定股──牛股雛形

為了抑制自己買賣過度、防止朋友過度影響自己投資決定，每年年底我會在自己的網誌公布個人持倉，以及在選股條件下選出來的股票，讓網友可以自己尋找心水股。

過往，筆者較常用是Google財經的港股篩選器，輸入必需條件後即可使用，但後來取消了，選股變得困難，但近期筆者發現了Investing.com的港股篩選器，已經解決了問題。

除了本章提及的十大原則外，筆者挑選穩定股的條件為：

市值在100億以下：一般而言，這類股票是牛股雛形，因為這類股票盈利估計都不算太高，而且基數較少，能夠保持幾年增長的機會自然較高，能因為高增長能獲得較高的市盈率，會因為盈利及估值趨升，賺得較好回報。

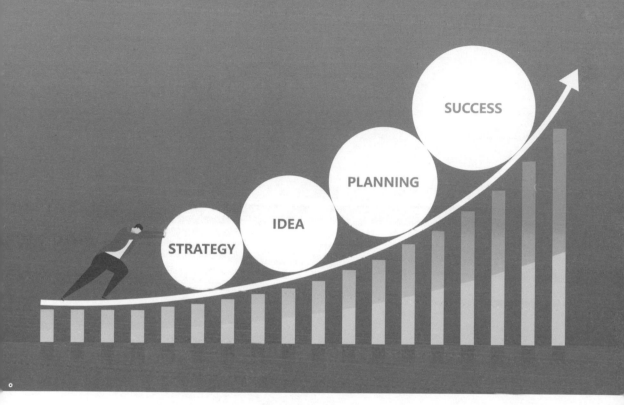

長年正常股息率在6%以上：派息水平很明顯可以顯示現金情況是否正常，如果能長久維持如此高的派息率，一是營運帶來現金強勁，一是融資得當，前者顯示行業經營穩定，後者證明投資者或銀行買帳，均是正面信號。

盈利有增長：這是一項非常顯淺的道理，如果盈利穩步上升，在市場偏好沒有改變的情況下，估值應該維持在相同水平，所以價值就會上升，變相推動股價向上。

根據篩選器的結果，再經筆者剔走往績不良及較波動的股票，也有27隻值得一看，當中部分筆者亦持有。由於這些股票風險較低，這些股票可選擇其中3至5隻，作重注持有：

湯未生推介—27隻中小型心水股：

代號	名稱	代號	名稱
178	莎莎國際	1127	獅子山集團
208	保利達資產	1161	奧思集團
321	德永佳集團	1181	唐宮中國
375	YGM TRADING	1184	時捷集團
408	葉氏化工集團	1277	力量能源
420	福田實業	1373	國際家居零售
536	貿易通	1560	星星地產
573	稻香控股	1785	成都高速
610	惠記	3315	金邦達寶嘉
626	大眾金融控股	6033	電訊數碼控股
746	理文化工	6882	東瀛遊
837	譚木匠	6889	Dynam
927	富士高實業	6896	金嗓子
984	永旺（香港）		

信托基金被忽略的地方

在組合內，為了維持組合可以有穩定增長的現金流，本人組合也會
配置有少量的固定收益產品，包括房地產信託基金（REIT）及商業
信託。但由於坊間應該有不少投資者詳述REIT及商業信託的投資價
值，筆者不在此浪費篇幅談及其資產質素及分派，反而想提及REIT
其他應該關注的地方。

香港上市的房地產信託基金（REIT）

名稱	主要業務	交易貨幣
越秀房產信託 (405)	中國商場、商廈及酒店營運	港幣
陽光房地產基金 (435)	香港商場及商廈營運	港幣
置富產業信託 (778)	香港商場營運	港幣
泓富產業信託 (808)	香港商廈營運	港幣
領展房產基金 (823)	中國及香港商場及商廈經營	港幣
開元產業信託 (1275)	中國及荷蘭酒店營運	港幣
春泉產業信託 (1426)	中國商廈及英國零售物業營運	港幣
富豪產業信託 (1881)	香港酒店營運	港幣
冠君產業信託 (2778)	香港商廈及商場運營	港幣
匯賢產業信託 (87001)	中國商場、商廈及酒店營運	人民幣

香港上市的商業信託

名稱	主要業務	交易貨幣
朗廷酒店投資 (1270)	香港酒店經營	港幣
港燈電力投資 (2638)	香港島電力經營	港幣
金茂投資 (6139)	中國內地酒店經營	港幣
香港電訊信託 (6823)	香港流動及固定網絡經營	港幣

租金收入構成：關於以上固定收益產品的收入結構，以出租寫字樓及零售物業為主的REIT並沒有其他租金調整機制。但酒店REIT及商業信託因為經營環境波動，加上收購頻繁，租金收入組成較為複雜，當中，金茂投資(6139)更沒有詳細說明計算租金模式，投資者需細心留意其分布並自行計算，如果收入不穩定將影響分派，如下述：

3隻信託基金的收入構成

名稱	物業收入構成
開元產業信託(1275)	**1. 最初上市5間酒店：** 每月經營總收入的20%加相關初步酒店物業於該月經營毛利的34%，現時至2022年不少於2億人民幣，2023年後10年委任獨立物業估值師按每年市場租金情況計算。 **2. 開封開元名都大酒店：** 每月經營總收入的20%加相關初步酒店物業於該月經營毛利的34%，現時至2020年不少於0.22億人民幣，2021年至2025年不少於0.187億，2026年後10年委任獨立物業估值師按每年市場租金情況計算。 **3. 荷蘭酒店：**營運收入
富豪產業信託(1881)	**1. 最初上市5間酒店及富薈上環酒店與富薈炮台山酒店：** 委任獨立物業估值師每年釐定租金收入，如果酒店收入超出租金收入，超出者可獲得一半 **2. 富薈灣仔酒店：**酒店收入 **3. 富薈馬頭圍酒店：**2018年為5,440萬，其後4年每年遞增340萬，之後則委任獨立物業估值師每年釐定租金收入，如果酒店收入超出租金收入，超出者可獲得一半。
朗廷酒店投資(1270)	• 2.25億加上所有酒店扣除全球推廣費用經營毛利70%

資料來源：上述信託基金的招股書、年報及相關通函

管理費支付機制：REIT一般也設有管理人，因管理人負責管理及進行收購，故會收取管理費，但除了領展（0823）是自行管理物業及收購外，其他公司均有相關管理人，亦會收取管理費，通常大部分由母公司或者系內的其他上市公司作為擔任管理人。根據筆者翻閱香港上市的房地產信託招股書，收費可分為4部分：

1. **基本費用**：按物業估值的若干比例收取，每1個月或每3個月1次付款管理人。

2. **浮動費用**：按物業收入的若干比例收取，每年1次付款予管理人。

3. **收購費用**：按收購價收取，在收購時付款予管理人。

4. **出售費用**：按出售價收取，在出售時付款予管理人。

但部分REIT會以管理費折成單位，或許因為當初上市時重估的價值太過分，導致本身物業以估值計算的回報不高，故把這項現金開支以發行單位支付，以暫時提升物業的現金回報，提升暫時性的分派，從而提高REIT吸引力。

不過隨著時間的推移，房託物業價值大幅提高，但租金價值並無大幅上升，加上大部分REIT不會出售物業，故無法實現其帳面價值，一般出現資產值大幅折讓，況且以香港的上市房託而言，除了領展是自行管理物業，並無發行新單位作管理人費用，以及富豪產業信託因大股東持股逾75%，管理費以現金收取外，這種以股代管理費的

方式仍然持續，導致每單位的淨值及分派每年都被無形中被攤薄，大家可以細心留意其攤薄程度。現時除領展外各間的收費方式如下：

以股代管理費的房託

房託名稱	基本費用	浮動費用	收購費用	出售費用	支付費用方式
越秀房產信託 (405)	0.3%	3.0%	1.0%	0.5%	80% 單位，20% 現金
陽光房地產基金 (435)	0.4%	3.0%	1.0%	0.5%	50% 單位，50% 現金
置富產業信託 (778)	0.3%	3.0%	1.0%	0.5%	全單位
泓富產業信託 (808)	0.4%	3.0%	1.0%	0.5%	80% 單位，20% 現金
開元產業信託 (1275)	0.3%	4.0%	關連人士 0.5% 第三方：1.0%	0.5%	50% 單位，50% 現金
春泉產業信託 (1426)	0.4%	3.0%	1.0%	0.5%	基本費用：單位 浮動費用：現金
富豪產業信託 (1881)	0.3%	3.0%	1.0%	0.5%	全現金
冠君產業信託 (2778)	0.0%	12.0%	1.0%	0.5%	50% 單位，50% 現金

資料來源：上述信託基金的年報

分派調整：由於REIT 及朗廷酒店投資強制性要求分派收入的90%，所以可操作性亦較少。但是其他商業信託的分派可以進行多項調整，包括相關減值及撥回、折舊及攤銷、資本開支、稅務支出、融資淨額，有時甚至出現營運資金變動。如果分派不足，更有可能有如港燈電力投資（2638）的酌情分派，導致分派透明度不足，一旦任何一項調整項大幅變動，有可能影響回報。

融資利息：由於REIT及商業信託均有穩定現金流，故亦成為銀行絕佳的融資對象，加上自2008年金融海嘯起，利息長期低企，故REIT及商業信託均希望增大借貸能力，以求提升單位持有人回報。要留意的是，港元拆息的持續上升，或會令融資水平較高的REIT及商業信託利息支出提升，從而影響回報。

遞延單位發行：正如現時的越秀房產信託，當年向母公司越秀地產收購廣州IFC的作價比較大，而母公司又因怕觸發全面收購限制，及濫發單位大幅影響分派，因此不願持股過。故在收購約4年後，即在2016年起至2023年，每年額外增發8,000萬基金單位，相對現時約31.19億單位逾2.5%，這些新增的單位或會形式潛在攤薄效應。

資產或現金流持續性：佔匯賢產業信託大部分收入的北京東方廣場，其合營公司將於2049年屆滿，除非中國政府容許合營公司延續，否則該合營公司會解散，物業亦會由國內合作夥伴持有，至於匯賢產業信託則會失去該物業，其權益價值亦會變成零，如權益在當日後確實被收回，將會大大影響分派金額，到時單位價值將大幅下降，影響其投資價值。

另外，由於中國的REIT旗下物業資產均有一定租期，如果物業租期較短，或許需要補足大額地價才可繼續經營。至於，港燈電力投資（2638）及香港電訊信託（6823）由於專營權均有年期，如果在失落專營權，亦會造成一定的現金流突然斷裂的風險。

Wealth 106

細股啟示錄
撥開謎網命中爆升股

作者	湯未生
出版經理	Sherry Lui
責任編輯	殷梓銘
書籍設計	Kathy Pun
相片提供	Getty Images

出版	天窗出版社有限公司 Enrich Publishing Ltd.
發行	天窗出版社有限公司 Enrich Publishing Ltd.
	香港九龍觀塘鴻圖道78號17樓A室
電話	(852)2793 5678
傳真	(852)2793 5030
網址	www.enrichculture.com
電郵	info@enrichculture.com
出版日期	2019年7月初版

承印	嘉昱有限公司
	九龍新蒲崗大有街26-28號天虹大廈7字樓
紙品供應	興泰行洋紙有限公司

定價	港幣 $138　新台幣 $580
國際書號	978-988-8599-21-9
圖書分類	(1)工商管理　(2)投資理財